Georg Schwikart

Orangenes Schweigen

Georg Schwikart

Orangenes Schweigen
Kurzgeschichten

Gardez! Verlag

Bibliographische Information der Deutschen Nationalbibliothek:
Die Deutsche Nationalbibliothek verzeichnet diese Publikation in
der Deutschen Nationalbibliografie; detaillierte bibliografische Daten sind im Internet über http://dnb.d-nb.de abrufbar.

1. Auflage 2012
© Georg Schwikart

Gardez! Verlag Remscheid
info@gardez.de • www.gardez.de

ISBN 978-3-89796-235-4

Druck und Bindung: AALEXX Buchproduktion, Großburgwedel

Dieser Band enthält Geschichten aus den vergriffenen Titeln
„Emmi wird mir fehlen", „Ulrichs größter Tag" und „Alle Abwege führen durch Rom" (alle Avlos Verlag), außerdem verstreut erschienene und bisher noch nicht publizierte Texte.

Besonderer Dank für unentbehrliche Hilfe bei der Manuskripterstellung geht an Ursula Schairer!

Satz und Covergestaltung: Theresia Schwikart

Inhaltsverzeichnis

Orangenes Schweigen

„Es ist nichts mehr so, wie es mal war!" Der Alte seufzte, blickte gedankenschwer in die unendliche Weite des Schrebergartens, nippte an seinem Orangenlikör und schwieg.

Die Tauben gurrten, die Rasenmäher schnurrten, die Zeit kroch träge wie Zahnpasta aus der Tube.

„Was du nicht sagst", keifte die Frau. „Das höre ich jetzt seit siebenundfünfzig Jahren."

„Und? Hab ich nicht recht?" Der Alte goss sich Likör nach.

Ein Düsenjäger knallte über das Idyll hinweg.

„Vor siebenundfünfzig Jahren warst du noch nicht ganz so schlimm", grinste die Frau bitter und blinzelte dem Flugzeug nach, „da haste mal recht."

Der Alte verbot sich, seine Frau durch einen bösen Blick zu strafen. Er hatte die Stiefmütterchen im Visier, trank und schwieg. Und nahm noch ein Schlückchen.

„Ich hasse diese Stimmung!" Die Frau vergrub das Gesicht in ihren Händen. Nur undeutlich war sie zu hören: „Kluge Sprüche, Orangenlikör und gleich erklärst du mir wieder, welches Schlusslied du bei deiner Beerdigung haben willst!"

Jetzt schwieg auch sie.

Kinder liefen irgendwo johlend vorbei, Hummeln summten, Presslufthämmer lärmten in der Ferne. Frieden. Einzig das Geräusch, das beim Aufsetzen einer Flasche auf den Rand eines Glases entsteht, war nah und real. Die zittrige Hand führte das Glas sicher zum Mund.

Die Frau nahm die Hände vom Gesicht. „Mein Gott, ich ..."

„Lass Gott aus dem Spiel!" Der Alte unterbrach sie barsch und blickte finster. „Wenn du schon mit Gott anfängst!"

„Das ist längst kein Spiel mehr, das ist – blutiger Ernst!"

„Sieh an, sieh an", raffte sich der Alte zum Zynismus auf. „Jetzt wird mein Weib sogar noch philosophisch!"

Sie ließ die Tränen rollen.

Er sah sie nicht, doch er wusste, dass sie rollten. Aber riechen konnte er. Und der Likör roch herrlich. Noch einen.

„Das Leben ist kein blutiger Ernst. Es ist schlichtweg lächer-lich!" Er schwieg wieder.

Ein Mückenschwarm tanzte Menuett, und die Weinbergschnecke machte sich auf zur Bausparkasse.

Er schwieg immer noch. Sie auch.

Da lächelte die Frau ihren Mann an. „Da sagste was."

Er grinste still.

„Gib mir mal einen." Sie streckte die Hand aus. Der Alte füllte das Glas und gab es seiner Frau.

Sie schüttete das Zeug in einem Zug hinunter. „Chhh! Das brennt ja wie Zunder!" Sie versuchte mit der Zunge noch ein wenig Flüssigkeit aus dem Glas herauszuschlecken.

„Weißt du noch, damals im Café Bönninger ..."

„Brönninger! Brrr! Brönninger. Mit ‚r'!"

„Du bist schrecklich!"

„Ich weiß." Schweigen.

Wen störte schon der kläffende Hund? Die Sonne hatte sich verzogen, schenkte nun andernorts angenehme Nachmittage. Es war Zeit, heimzugehen, aber die Flasche mit Orangenlikör war noch zu einem Drittel voll.

„Tja." Er seufzte gern bedeutungsschwanger.

Die Frau war schon aufgestanden: „Nu komm!"

Und er kam.

Das Ende naht

Es war reine Neugier. Wir saßen in der Zeltmission und lauschten einem donnernden Prediger. Seine Analyse unserer verruchten Zeit nannte die Dinge beim Namen: Krieg und Vertreibung, AIDS und Hunger, Arbeitslosigkeit und Gewalt gegen Fremde, natürlich fehlten in der Litanei der Sünden auch Sittenverfall und Glaubensverlust nicht. Mich interessierten vor allem seine Vorschläge, wie den Problemen Einhalt geboten werden könnte.

Doch seine Strategie ging in eine andere Richtung. Die Welt sei so sehr am Ende, dass Gott nur noch die Getreuen sammeln werde. Und schon begann er, den Tag des Endgerichts anzukündigen. Er ging so weit, den Termin zu errechnen, anhand von abenteuerlichen Zahlenspielen. Nun wollte ich es aber wissen. Doch dann …

… dann zog mich meine Freundin am Ärmel. Sie musste mal, hatte keine Lust mehr und war gierig auf einen Amarenabecher. Wir gingen. Und ich weiß bis heute nicht, ob der Weltuntergang schon stattgefunden hat oder nicht.

Kino live

Der Mann auf der Leinwand öffnet der Frau geschickt die Bluse.

Ich höre deutlich meine Platznachbarin ihrer Freundin zuzischen: „Übrigens, Anita ist wieder schwanger!"

Das Gesicht der Frau ist in Nahaufnahme zu sehen. Sie lächelt hingebungsvoll.

„Und von wem?", fragt die Freundin meiner Platznachbarin. Sie fügt selbst hinzu: „Doch bestimmt nicht von Hermann, oder etwa ...?"

Auf der Leinwand ist jetzt eine Szene im Stadtpark zu sehen. Der Protagonist sitzt auf einer Bank und scheint zu warten.

„Hermann? Lieber Himmel, du bist aber schlecht im Bilde. In der Zwischenzeit gab es doch schon Otti und diesen Ali." Die andere kichert.

Die Frau setzt sich neben den Mann auf die Bank. Beide blicken schweigend in die gleiche Richtung. „Ich dachte, die hätte mal was mit Andreas gehabt."

Ich räuspere mich ganz leise. Zu leise.

„Doch nicht Anita. Das war Karin." Die andere protestiert: „Quatsch, Karin hat doch diesen Ungarn angeschleppt."

„Längst vorbei", winkt ihre Freundin ab. Ich bitte die beiden Frauen höflich um Ruhe.

„Es ist aus", sagt der Mann auf der Leinwand.

„Das Schwein!" Meine Nachbarin schüttelt den Kopf. „Jetzt lässt er sie sitzen. Der Ungar war übrigens ein Rumäne." Sie schiebt sich ein paar Gummibärchen rein.

„Lass es uns probieren", bittet die Frau. Der Mann schließt die Augen.

„Ich meine, der heißt Peter oder so ähnlich." Die Freundin meiner Nachbarin fragt nach: „Wer?"
Der Mann ist aufgestanden und schlendert durch das Laub.
„Na, der Neue von Anita." Die Frau folgt ihm mit ein paar Metern Abstand.
„Der ist doch Soldat oder Polizist, ne?"
Großaufnahme: Tränen, eine Haarsträne im Wind: „Ich brauche dich!"
„Dumme Kuh!" Gummibärchen. „Der ist Schaffner." Gummibärchen. „Na, halt irgendwas mit Uniform."
Ich drehe mich mit dem ganzen Oberkörper in Richtung meiner Nachbarinnen: „Ich würde gerne dem Film folgen."
Die zucken die Achseln.
„Und gestern Abend?" Der Mann bleibt stehen, lässt seinen Blick in die Ferne schweifen.
„Gestern Abend ruft doch die Elena an und hat mir von ihrer Kegeltour mit dem Betrieb erzählt. Muss irre gewesen sein."
Ich werde ungehalten: „Entschuldigen Sie bitte, ich werde auch gleich irre. Ich verstehe kaum noch den Film. Ruhe!"
Die Frauen tun so, als könnten sie mich nicht verstehen.
Neue Sequenz: Eine Brücke. Die Frau am Geländer.
„Der Abteilungsleiter hat sich wohl an sie rangemacht." Kameraschwenk, um die Tiefe deutlich zu machen.
„Ach, die Elena gibt nur an. Seit die so zugenommen hat, ist die doch ohne Chancen." Nahaufnahme eines verzweifelten Frauengesichtes. Ich höre das Knistern der Gummibärchentüte. „Ja, die ist richtig fett geworden." Die wird doch wohl nicht springen. Nicht für diesen Kerl.
„Nun komm, sie hat jetzt eine tolle Oberweite. Gegen dich Flachbrett." Den Stups mit dem Ellbogen spüre ich bis zu

mir. Der Mann legt von hinten seine Arme um die Frau. Verdammt, Ende offen. Das Licht geht an, und ich bemerke Tränen in den Augen meiner Nachbarinnen.

Die eine sagt zur anderen, während sie sich die Jacke anzieht: „Ich sag meinem Jörg immer: Männer und Frauen passen eben nicht zusammen." Die andere lacht.

Ich bleibe sitzen, bis der letzte Ton des Nachspanns verklungen ist. Und muss ihr Recht geben.

Feierliche Öffnung

Ich weiß noch genau, wann es das erste Mal geschah. Ich ging gerade aus dem Haus, um Rote Bete einzukaufen, die ich für die Diät unseres Katers benötigte, was aber in diesem Zusammenhang relativ unerheblich ist.

Als ich nun am Gartentor angekommen war und es hinter mir krachend ins Schloss warf, durchzuckte mich ein eigenartiger Gedanke: „Habe ich den Kühlschrank auch zugemacht?"

Ich hatte doch vor meinem Einkaufsgang die Milch vom Kaffeetisch weggeräumt. Jeden Arbeitsgang sah ich plastisch vor mir: das Nehmen des Kännchens, den Gang in die Küche, sogar noch das Öffnen des Kühlschranks – aber hatte ich ihn auch zugemacht? „Was soll's?", dachte ich mir und eilte flugs zurück ins Haus.

Nachdem ich mich vom ordnungsgemäß verschlossenen Kühlschrank überzeugt hatte, setzte ich erneut an, die Rote Bete zu besorgen. Damit war die Sache erledigt.

Schon kurze Zeit später aber passierte es des Nachts: Das Licht hatte ich gerade ausgeschaltet, da kam mir der Kühlschrank in den Sinn. War seine Tür auch zu? Ich versuchte den Abend zu rekonstruieren, kam aber trotz verzweifelter Anstrengung immer nur bis zu genau dem Augenblick, in dem ich die Kühlschranktür öffnete. Trotz meines erheblichen Schlafbedürfnisses mühte ich mich in die Küche, um mich von der verschlossenen Kühlschranktür zu überzeugen. „Was für ein Blödsinn", dachte ich noch, und schlief sofort ein.

Tags darauf begann die ganze Geschichte unangenehm zu werden. Ich verweilte gerade in der Badewanne, als mich die Frage nach dem Zustand der Kühlschranktür überfiel.

Als ich einmal sogar die Oper inmitten Margarethens wunderbarer Juwelenarie verlassen musste, nahm ich mir vor, einen Psychiater aufzusuchen. Ein wenig dumm kam ich mir schon vor: Wer gibt gerne zu, von der Idee geöffneter Kühlschranktüren gequält zu werden? Handfeste Neurosen wären was, Wahnvorstellungen können sich sehen lassen, und Phobien sind sowieso „in". Doch Kühlschranktüren?

Oder waren meine Phantasien nur der Ausfluss tieferer Störungen? Wollten sie mich vielleicht auf meine Schwierigkeiten, mich zu öffnen, aufmerksam machen? Oder gar auf die Kälte meiner Beziehungen?

Wie dem auch sei, der mit Spannung erwartete Termin auf der Couch des Analytikers platzte, da ich, als ich gerade bei ihm eintreten wollte, so unwiderstehlich an meinen Kühlschrank zurückgerufen wurde, dass nichts zu machen war.

Dort angekommen, öffnete ich ihn und entnahm ihm die Flasche mit Mutters selbstgebranntem Apfellikör. Dann schloss ich die Tür wieder und blieb vor ihr sitzen, um mir des verschlossenen Zustands ganz gewiss zu sein. Die Flasche Apfellikör leerend, wollte ich nun herausfinden, was ich eigentlich gegen geöffnete Kühlschranktüren hatte.

Als auch eine halbe Flasche Apfellikör keine wirklich befriedigende Antwort zu geben vermochte, erhob ich mich und trat vor meinen Kühlschrank, öffnete feierlich seine Tür ganz weit, verließ, von Genugtuung erfüllt, die Küche und legte mich schlafen, um Stunden später erholt wie nie zuvor aufzuwachen.

Berufserfahrung

„Der Tod ist vernichtet!" Der feurige Prediger der Baptistengemeinde an der 12. Straße macht sich zum Endspurt bereit und versetzt die Herzen der Gläubigen in österliche Schwingungen. Der Gottesmann fuchtelt mit den Armen durch die Luft, ruft, ja schreit beschwörend: „Der Tod ist tot, Halleluja!"

„Halleluja!" schallt es unter Klatschen hundertfach zurück, „der Tod ist tot! Halleluja!" Applaus; die Sacro-Band intoniert einen Händel-Tusch. Befreiendes Lachen huscht durch die Reihen; alle stehen auf, fassen einander an den Händen und singen.

Nur einer lächelt ruhig zurückgelehnt in der letzten Bank: Fred, der Bestattungsunternehmer. Er summt leise mit, und weiß doch, gestorben wird immer.

Dienstagabend in Kobrennen

„Damit darf ich dann den nächsten Tagesordnungspunkt aufrufen. TOP 17, Vorlage der Stadtverwaltung: Aufstellung eines Fahrradständers vor dem Rathaus. Kosten etwa 2400 Euro. – Ich sehe allgemeine Zustimmung, lasse aber der Form halber abstimmen. Wer dem Antrag zustimmt, den bitte ich um das Handzeichen. Das dürfte einstim... – Frau Mareiken, wir befinden uns in der Abstimmung, da sind keine Wortmeldungen mehr zugelassen."

Ein Raunen geht durch den Saal.

„Bitte, Herr Vorsitzender, ich wollte bloß nachgefragt haben, ob auch dafür Sorge getragen wird, dass dieses Gerät keine Behinderung darstellt, für die Fußgänger zum Beispiel."

„Frau Kollegin", fährt sie der alte Ziggel an, „natürlich wird das Ding mitten auf den Weg gemacht, damit keiner mehr daran vorbei kommt."

Der Vorsitzende bittet um Mäßigung und will fortfahren. Doch nun meldet sich Herr Kaiser, der des Proporzes wegen auch dran genommen werden muss.

„Ich wollte eigentlich nur wissen, ob wirklich ein Bedarf besteht. Ich meine, wieviele Leute kommen denn wirklich mit dem Rad?"

„... ins Rat-Haus", ruft Fräulein Mitschler und gickelt belustigt.

„Lieber Kaiser, wir können ja eine Bedarfserhebungsstudie für zehntausend Euro anfertigen lassen", brummt Ziggel und wird dafür vom Vorsitzenden zur Ordnung gerufen.

„Ich melde mich schon die ganze Zeit", mäkelt Herr Fröndenberg. „Hier einen – nur einen! – lächerlichen Fahrradständer aufzustellen, das ist doch ein Witz. Ein typisches Feigenblatt der Autogesellschaft."

Abermals Raunen im Saal. Ziggel holt tief Luft, schweigt jedoch. – „Wenn wir nicht gleichzeitig ein Fahrradkonzept für Kobrennen entwickeln, können wir es doch gleich bleiben lassen!"

„Meine Damen und Herren", versucht der Vorsitzende wieder Herr der Lage zu werden. „Ich denke, wir sollten das Thema in einer der nächsten Sitzungen vertiefen und heute nur diesen Antrag verabschieden. Ja? Ich sehe Zustimmung. Also: Dafür? Dagegen? Enthaltungen? – Damit ist der Antrag auf Aufstellung eines Fahrradständers einstimmig abgelehnt."

Im Wartesaal

Ob ich mich an Thomas Fregmann erinnere? Na klar. Von Tom stammt doch der sehnsüchtige Ausruf: „Die Rettung kommt mit der Post!" Thomas wartete immer auf exklusive Briefe, die ihm zeigen würden, wozu er auf der Welt wäre. Ganz ehrlich, er hielt es für möglich, zum Minister berufen zu werden, denn an guten Tagen meinte er, er sei zu allem fähig. Dann wieder ging er trübsinnig seines Wegs, klagte, er könne nichts, sei nichts, niemand würde ihn lieben.

Tom harrte auf Liebesbriefe von längst vergangenen Affären, er wartete auf Gewinne von Spielen, bei denen er gar nicht mitgemacht hatte. Das Unwahrscheinlichste ließ er sich einfallen; warum es nicht möglich sein solle, fragte er trotzig. Die Welt sei voller Verrücktheiten.

„Eines Tages fordert man mich auf, eine Hauptrolle zu übernehmen!", träumte er.

„Du hast bereits die Hauptrolle – in deinem Leben!"

Aber das wollte Tom nicht hören. Er war überzeugt, das Glück käme von außen und bräche dann, einem Orkan gleich, in sein tristes Dasein ein. Sein normales Leben war ihm zu langweilig, zu profan. Die Herausforderungen, denen er sich als Realschullehrer stellen musste, interessierten ihn nicht. Er machte seinen Job und damit gut. Seine Ehe war schon vor Jahren kinderlos auseinander gegangen.

„Es war halt nicht die Richtige", sagte er lakonisch.

„Und die Richtige begegnet dir eines Tages ganz zufällig im Moulin Rouge, was?"

„Mach dich nur über mich lustig!"

In seiner religiösen Phase wäre er beinahe ins Priesterseminar eingetreten. Aber sein Ziel war nicht, einmal Pfarrer einer Gemeinde zu werden: mindestens Weihbischof musste es schon sein. Tom fühlte sich eben nur etwas wert, wenn er Titel, Ämter, Würden, wenigstens genügend Knete besitzen würde. All das hätte er selbstverständlich ganz bescheiden zurückgehalten.

Ich zog dann um und wir verloren uns aus den Augen. Aber aus den gelegentlichen Kontakten per Brief oder Telefon ging immer noch hervor: Tom wartete auf das Leben.

„Das Beste kommt noch", sagte er, als ich ihn an seinem 35. Geburtstag anrief. Er hatte sich gerade für die Teilnahme an einer Polarexpedition eines Zigarettenkonzerns beworben und war guter Dinge, mitmachen zu können. Über seine Erfahrungen wollte er dann ein Buch schreiben. Einen Bestseller, versteht sich.

Ein halbes Jahr darauf erhielt ich mit der Post seine Todesanzeige: Tom war an Speiseröhrenkrebs gestorben. Nach kurzem, schwerem Leiden, wie man so sagt. Ich besuchte sein Grab, als ich mal wieder in die Stadt kam.

Es muss ein ewiges Leben geben, dachte ich, als ich davor stand, sonst wäre er zu sehr verarscht worden. Auf dem Grabstein war nur sein Name zu lesen, aber ich hätte gerne eingemeißelt: „Lebe heute!"

Der Schuhputzer in Lissabon beeindruckte mich

Fast schämte ich mich, ihm meine alten, ausgelatschten, aber saubequemen Schuhe hinzuhalten. Ein prüfender Blick, ein erfahrenes Lächeln. Dann packte er seine Utensilien aus. Mit Hingabe ging er an die Arbeit: intensiv bürsten, Farbe auftragen, wieder bürsten, eincremen, abermals bürsten, schließlich mit einem Tuch polieren. Zwischendurch steckte er sich eine Zigarette an, und ich dachte mir noch, der hat die Ruhe weg. Von wegen: mit dem glühenden Ende der Zigarette entfernte er abstehende Fädchen, die sich aus den Nähten gelöst hatten.

Selten sah ich einen Menschen so konzentriert bei der Arbeit. Er putzte die Schuhe, als hinge sein Leben davon ab – als wüsste er, dass ich hier von ihm erzählen würde. Nach zwanzig Minuten war sein Werk vollbracht: wohl nie zuvor nach ihrem Kauf sahen meine Schuhe so gepflegt aus.

Und noch einmal beeindruckte mich der Schuhputzer in Lissabon. Ich hatte mir schon vorgenommen, ihm ein großzügiges Trinkgeld zu geben, da nannte er seinen Preis: zehn Euro. Ein Preis, so stolz wie der Mann selbst.

„You're welcome!"

„Nun mach doch endlich!" Karin war ganz zappelig vor Ungeduld. Ich sollte den Umschlag öffnen, den sie mir überreicht hatte. Die Lichter am Tannenbaum verbreiteten eine behagliche Atmosphäre und der Cognac duftete im Schwenker. Im Haus herrschte Ruhe, denn unsere Tochter Susanne machte Schiurlaub. Lästige Pflichtbesuche standen uns auch keine bevor. Kurzum, alle Voraussetzungen für erholsame Feiertage schienen erfüllt.

Ich zog eine Fotokarte aus dem Umschlag, mit einer äußerst grünen Landschaft darauf. Auf der Rückseite las ich in Karins Handschrift: „Gutschein für eine Spritztour nach Irland".

„Ah", rief ich erfreut, „das ist ja eine tolle Idee!" Wo Irland doch wirklich bezaubernd ist! Einmal war ich schon dort gewesen, als Student, mit Kommilitonen. Wir hatten eine Radtour quer durchs Land vorgehabt, doch die vielen Hügel entmutigten uns bald; so kamen wir kaum aus den Pubs heraus. Und wir vertrieben uns die Zeit noch mit anderen Freuden – denn zur Gruppe gehörten auch unsere Mitstudentinnen Karin und Helene.

„Wann soll's denn losgehen? In den Sommerferien?"

„Morgen."

Ich verschluckte mich am Cognac und hustete.

„9 Uhr 12 geht die Maschine ab Frankfurt", erklärte Karin mit glühenden Wangen, „das heißt, wir müssen den Zug um zwanzig vor sieben nehmen. Irmgard fährt uns zum Bahnhof."

„Liebste", meinte ich, „du machst doch einen Scherz, nicht?"

21

Karin schlang die Arme um meinen Nacken und flüsterte mir ins Ohr: „Kein Scherz! Meine Weihnachtsüberraschung für dich!"

Karins Schwester Irmgard weckte uns am Weihnachtsmorgen um halb sechs. Da es über Nacht dick geschneit hatte, befürchtete sie, wir könnten auf dem Weg zum Bahnhof stecken bleiben. Insgeheim wünschte ich mir genau das. Da hätte man endlich mal geruhsame Weihnachten vor sich gehabt, sogar weiße, und ausgerechnet dann musste man verreisen!

Mein Schädel brummte von den Trostcognacs, die ich mir am Vorabend gegönnt hatte, und ich blieb einsilbig, bis wir in der Maschine saßen. „Freust du dich denn gar nicht?", fragte Karin gekränkt. Es war Weihnachten, also antwortete ich nachsichtig: „Naja, der Appetit kommt beim Essen."

„Du wirst sehen, wie schön das wird! Wir nehmen einen Mietwagen, und dann geht's nach Bantry. Erinnerst du dich?"

Bantry? Ich musste meine Irland-Erinnerungen sortieren.

„Bantry House", riet ich, „das kleine Schloss des ‚Verräters', stimmt's?"

Der Ort Bantry liegt im Südwesten Irlands. Die Natur hat dort eine herrliche Bucht geschaffen, die Bantry Bay. Die Mönche erzählten sich einst die Legende, Noahs Enkeltochter sei mit fünfzig Frauen, drei Männern und ein paar Schafen vom Nilufer in See gestochen, auf der Suche nach einem Land ohne Krokodile und Überschwemmungen, und nach sieben Jahren und drei Monaten hier an Land gegangen. Ein paar tausend Jahre später, im Dezember 1796, wollten französische Truppen in der Bay landen, um den bewaffneten Aufstand gegen die Briten zu unterstützen, denn Frankreich hatte drei Jahre zuvor England und Holland den Krieg erklärt. Der Hausherr von Bantry House, Richard White, organisierte die Verteidigung strategisch wichtiger Punkte an der Bay. Die meisten der dreiundvierzig in Brest gestarteten Schiffe waren dann allerdings wegen des stürmischen Wetters gar nicht in der Lage, in die Bucht zu gelangen. Dennoch belohnte König Georg III. seinen treuen Untertanen dadurch, dass er ihn in den Adelsstand erhob.

Auf der Radtour hatten wir das Herrenhaus nicht besichtigt; wie wir vorgaben, aus Solidarität mit den Befreiungskämpfern und aus Protest gegen den „Verräter" White – vielleicht war uns aber nur der Eintritt zu teuer gewesen. Die Gärten von Bantry House waren allerdings grandios, mit ihren Terrassen, Brunnen und Statuen. In dem subtropischen Klima gedeihen sogar Palmen.

Karin verdrehte die Augen: „Ach, du mit deinem Verräter ... Früher warst du romantischer. Im Garten von Bantry House haben wir – na?" Ich sollte den Satz wohl richtig beenden.

„Natürlich, Bantry House Gardens!", nickte ich augenzwinkernd. Aber was war dort geschehen?

„Wie du mich dort zum ersten Mal geküsst hast, im Rosengarten, da wusste ich: du bist der Richtige!"

Meiner undeutlichen Erinnerung nach war ich zwar verliebt von jener Irlandtour zurückgekommen, meinte allerdings, meine Auserwählte wäre Helene gewesen. Da nun der Imbiss serviert wurde, brauchte ich das Thema zum Glück nicht zu vertiefen. Unter dem Aludeckel verbarg sich kalter gedünsteter Lachs. Ich ließ ihn stehen und setzte meine Hoffnung auf ein nettes Pub, vielleicht in Limerick; in einer

Stunde würden wir ja schon dort sein.

Karin strahlte, während sie an einem Keks knabberte: „Ich habe Bantry House für uns gebucht! Die Nachkommen des Earls betreiben in einem Seitenflügel eine Pension. Ach, ich freu mich ja so! War es denn wirklich eine richtige Überraschung für dich, hast du gar nichts davon geahnt?"

Nein, das hatte ich tatsächlich nicht. Karin berichtete, ihre Schwester habe Flug und Mietwagen gebucht. Nur das Zimmer habe sie selbst telefonisch reservieren lassen.

Auf dem Flughafen Shannon hatte sich mein Appetit in ausgewachsenen Hunger verwandelt, doch Karin fand das Ambiente nicht sonderlich einladend, außerdem mussten wir den Mietwagen in Empfang nehmen. Da man in Irland links fährt, ist das Lenkrad rechts. Doch der Schalthebel ist trotzdem in der Mitte; man muss mit links schalten. Auf den ersten Kilometern hatte ich meine Schwierigkeiten damit. Der Motor heulte, ich fluchte, Karin strahlte: „Ach, Irland! Ist es nicht schön hier!"

Schön? Es war etwas wärmer als zu Hause, doch ein Schleier aus dünnen Regentropfen färbte alles grau in grau. Wir hielten uns zunächst in Richtung Limerick, dann nach Süden. Allmählich fand ich mich mit der Situation ab und meinte: „Mal was anderes – am ersten Weihnachtstag in Irland herumzugondeln."

Mir knurrte der Magen. Ich machte mir Vorwürfe, dass ich den kalten Fisch im Flugzeug verschmäht hatte. In Mallow suchten wir ein Gasthaus, doch alle hatten über Weihnachten zu: „Closed during Christmas". An einer Großtankstelle konnten wir wenigstens Kekse, Schokoriegel und Cola kaufen – Grundnahrungsmittel der automobilen Gesellschaft.

Wir kamen durch Dörfer und Kleinstädte, in denen die Häuser – dem grauen Regen trotzend – bunt angestrichen waren, blau, grün, gelb, rot, rosa. Die Strecke nach Bantry schien sich endlos hinzuziehen. Auf kurvigen, von Bruchsteinmauern gesäumten Landstraßen fuhren wir an fetten, grünen Wiesen vorbei, auf denen wasserfeste Schafe, Ziegen und Pferde weideten. Nur Iren zeigten sich fast keine; die verbrachten den Nachmittag dieses regnerischen Weihnachtsfeiertags wohl mit ihren Familien zu Hause, in der warmen Stube am Teetisch.

Am späten Nachmittag erreichten wir Bantry. Die Kleinstadt an der Bantry Bay ist stolz auf ihre Geschichte. Selbst die Namen der Pubs erinnern daran, dass hier einst die französische Armada vergeblich zu landen versucht hat. Wir stiegen aus und blickten uns um. Ein nasskalter, salzig schmeckender Westwind zerrte an unseren Jacken, sodass wir schnell wieder in den Wagen flüchteten. „Kein Wunder, dass die Franzosen es nicht geschafft haben, mit ihrer Armada hier zu landen", knurrte ich, „bei dem Wetter. Jetzt weiß ich, warum es ‚Spritztour' heißt. Wegen der Nässe!"

Bantry House ist ein Herrenhaus, wie man sie auch in England oder Schottland zu Dutzenden findet, und wirkt wie ein kleines Schloss. Ein ursprüngliches Hauptgebäude im georgianischen Stil aus der ersten Hälfte des 18. Jahrhunderts ist hundert Jahre später um zwei Seitenflügel ergänzt worden. Der Garten im italienischen Stil erstreckt sich über sieben Terrassen.

Von dem prächtigen Anblick, den die Anlage im Sommer bietet, konnte man an diesem grau verhangenen Wintertag kaum etwas ahnen. Wir entdeckten einen Parkplatz für Pkw und Busse, aber nirgends war ein Mensch oder ein Auto zu erblicken. „Bist du sicher, dass wir hier richtig sind?", fragte ich vorsichtig. „Hast du dir die Reservierung bestätigen lassen?"

„Natürlich, Schatz. Sie haben in einem Seitenflügel einige Zimmer für Gäste hergerichtet, Doppelzimmer mit Fernseher und Bad; Führung durch Haus und Garten im Preis inbegriffen."

Wir stiegen aus und umrundeten das Gebäude, doch alles war still und dunkel. Wind und Regen waren noch stärker geworden; in der Bucht toste die Brandung. „Sieht aus wie das reinste Spukhaus", bemerkte ich. „Und ich habe inzwischen nasse Füße."

Karin nieste. „Es muss doch jemand da sein. Vielleicht haben sie nur die Fensterläden verrammelt, bei dem Wetter. Bestimmt sitzen alle drinnen am Kaminfeuer und essen Plumpudding."

Ich schüttelte den Kopf. „Siehst du irgendwo Rauch aus einem Kamin kommen? Hier ist weit und breit kein Mensch."

Da wies sie auf ein kleines Nebengebäude. „Sieh mal, da kommt tatsächlich Rauch aus dem Kamin!" Wir gingen hin und klopften an. Nach einer Weile öffnete uns ein alter Mann mit weißem Stoppelbart. Er schien nicht sonderlich erfreut, jemanden hier zu sehen.

„Good evening, Sir!", säuselte Karin in ihrem besten Schulenglisch, und erklärte, wir würden den Eingang zur Pension suchen.

Der Mann antwortete mürrisch, den könne er uns schon zeigen, aber wozu, das Haus habe im Winter geschlossen, die Saison beginne am St. Patrick's Day, dem 17. März.

„Aber das kann doch nicht sein", widersprach Karin auf Englisch, sie habe schließlich telefonisch alles vereinbart. Sie wandte sich mir zu: „Ich habe gefragt, ob wir an Weihnachten kommen können. Der am anderen Ende der Leitung hat so schnell gesprochen. Aber zum Schluss hat er gesagt: You are welcome! Das weiß ich hundertprozentig! Wir sind hier willkommen!"

„'You are welcome?'", wiederholte ich betreten. „Weißt du denn nicht, was das bedeutet? Das darf man doch nicht wörtlich nehmen, es ist nur eine Redewendung! Es heißt so viel wie: ‚Nichts zu danken!', oder ‚Gern geschehen!'"

Da begann Karins Unterlippe zu zittern, und ihre Augen röteten sich. „Aber ... aber das kann doch nicht sein! Ich habe doch ..."

„Es ist aber so", erwiderte ich, „und es ist nicht mehr zu ändern. Los, wir müssen schleunigst weiter und irgendwo ein Quartier suchen, ehe wir uns einen Schnupfen geholt haben!"

Der alte Mann gab ein brummiges „Good bye" von sich und wollte die Haustür schließen.

„Aber heute ist doch Weihnachten!", jammerte Karin. „Überall ist ‚Closed during Christmas!'"

Da murmelte er etwas und bedeutete uns, mit ihm zu kommen. Wir folgten ihm in eine unaufgeräumte Wohnküche, in der es nach Holzfeuer, feuchter Wolle und Zwiebeln roch. Wortlos bot er uns einen Platz am Tisch neben dem Ofen an und brühte Tee auf. Ob er der Hausmeister sei, erkundigte ich mich auf englisch. Er nickte und stellte zwei dampfende Henkelbecher vor uns hin.

„Ganz allein hier?", fragte ich.

Die Herrschaft sei in die Weihnachtsferien verreist, erklärte er. Wir schlürften den heißen Tee. „Beeil dich", sagte ich zu Karin, „wir müssen dringend eine Unterkunft finden, ehe es finster ist."

Da brach sie in Tränen aus: „Ich hatte es mir so schön vorgestellt! Und nun ist alles schief gegangen! Es ist meine Schuld! Es tut mir so leid!"

„Es wird schon wieder! Hör zu, Liebste. Wir haben noch genug Benzin; in zwei Stunden können wir in Cork sein. Dort bleiben wir zwei Tage und ruhen uns aus; dann fahren wir wieder nach Shannon, fliegen heim und vergessen das Ganze."

Wir dankten für den Tee; ich überlegte, ob ich dem Alten etwas dafür bezahlen müsste, und tastete nach meinem Geldbeutel. Da fragte er, ob wir einen Blick ins Bantry House werfen wollten, wo wir doch schon einmal hier seien. Vielleicht spekulierte er nur auf ein größeres Trinkgeld. Doch Karin trocknete ihre Tränen und bedankte sich überschwänglich für das Angebot.

Gut, ließ ich mich eben darauf ein, Karin zuliebe, schließlich war Weihnachten. Der Alte ging mit uns zum Hauptgebäude, schaltete den Strom für die Beleuchtung ein und führte uns in die Eingangshalle. Sein Name sei Mr. O'Donovan, erklärte er.

Bantry House befindet sich bis heute in Privatbesitz. Der Großvater des ersten Earls hatte ein Vermögen gescheffelt und jede Menge Grundbesitz in der Gegend erworben. Um 1750 kaufte er dieses Anwesen. Sein Enkel, Jahrgang 1767, machte sich wenig aus Politik, doch 1796 wurde er eine Schlüsselfigur in den Geschehnissen um die missglückte Landung der „französischen Armada".

Die meisten Schätze von Bantry House hat der 1800 geborene Sohn dieses ersten Earls angehäuft. Zwischen 1820 und 1840 reiste er kreuz und quer durch Europa und brachte allerlei nach Hause: flämische Gobelins, Mosaiken aus Pompeji, Porzellan aus Meißen ... Er ließ das Gebäude mit Anbauten ergänzen und um 1850 den Italienischen Garten anlegen. –

Mr. O'Donovan führte uns in den Rosa Salon, der wegen der rosafarbenen Tapisserien so heißt. Sie seien zur Hochzeit von Marie Antoinette mit dem französischen Dauphin hergestellt worden, erzählte er. Eine doppelte Tür verbindet diesen Salon mit dem Gobelinsalon, der mit einem Gobelin aus dem 18. Jahrhundert geschmückt ist. Am meisten beeindruckte uns das in leuchtendem Königsblau gehaltene Speisezimmer. Von der weißen Kassettendecke hängt ein Kronleuchter mit Meißner Porzellanblumen. Lebensgroße Porträts von König Georg III. und Königin Charlotte in vergoldeten Rahmen beherrschen den Raum.

Ein kleiner Saal ist die Bibliothek, in der auch Veranstaltungen und Konzerte stattfinden. Karin steuerte auf den Flügel zu, konnte nicht widerstehen und klappte den Deckel auf. „Sieh nur, ein echter Blüthner aus Leipzig, und das hier in Irland!", rief sie erfreut und drückte ein paar Tasten. „Schade, er ist verstimmt – die feuchte Seeluft." Mich faszinierten eher die unzähligen braunen Lederrücken mit Goldprägung. Als ich die Hand nach einem Band ausstreckte, murmelte Mr. O'Donovan etwas gereizt, wir sollten bitte nichts berühren!

Er scheuchte uns aus der Bibliothek, ins Untergeschoss, wo wir die ehemalige Schlossküche besichtigten. Früher hatte man hier so manches Festmahl für die Herrschaft zubereitet. Doch ohne Herdwärme, Geschirrklappern und Essensduft wirkte die Küche bedrückend, wie tot. Auf dem

Rückweg kamen wir an einem Stilleben vorbei, mit Fisch und Wild, Brot, Früchten und Wein darauf. Erst der Besuch in der Küche, jetzt auch noch dieses Bild – beides machte mir wieder bewusst, wie ausgehungert ich war.

Draußen war es Nacht geworden. Wir bedankten uns für die Führung und wollten uns verabschieden. Ich suchte nach einem Geldschein, um ihn dem alten Mann in die Hand zu drücken.

Da wies er auf seinen Hauseingang und sagte: „Céad míle fáilte!"

„Was heißt denn das nun wieder?", fragte ich verlegen.

„Heißt es ‚Das kostet hunderttausend Euro', oder ‚Frohe Weihnachten', oder was sonst?"

„Aber, Schatz!" Meine Frau war in ihrem Element. „Das war gälisch! Es heißt etwa das gleiche wie ‚You're welcome'."

Ich ächzte. „Aha. Was ‚You're welcome' heißt, wissen wir inzwischen ganz genau, nicht wahr, Liebste: ‚Gern geschehen, nichts zu danken'", meinte ich, und steckte meinen Zehn-Euro-Schein wieder ein – wer nicht will, der hat schon.

Der alte Mann blieb in der Tür stehen und winkte uns zu.

„Nein, eben nicht!", widersprach Karin. „'Céad míle fáilte' heißt ‚Hunderttausendfach willkommen'! So sagt man auf gälisch, wenn man Gäste einlädt! Der meint uns, komm!"

Wir nahmen also wieder in der Wohnküche Platz. Mr. O'Donovan brachte drei Flaschen Guinness an den Tisch. Da ich nichts im Magen hatte, merkte ich schon nach ein paar Augenblicken die Wirkung des Alkohols. „Nachher fährst du!", sagte ich grinsend zu meiner Frau. Sie warf mir einen entsetzten Blick zu und schob ihr Glas, an dem sie nur ein wenig genippt hatte, weit von sich. Unser Gastgeber fragte, ob die Dame lieber Tee wolle, und Karin bejahte. Als er in ihren Tee einen Schuss Whiskey geben wollte, deckte sie die Hand über den Becher; da lächelte er. Seine Mary habe es auch immer so gemacht, meinte er. Das Trinken sei doch eher Männersache. Ob wir mit ihm essen wollten? Seine Schwester lebe unten im Ort, die habe ihm etwas gekocht, viel zuviel für ihn; er könne das gar nicht allein schaffen.

Er stellte zwei Töpfe auf den Herd, und deckte den Tisch mit drei abgenutzten Suppentellern. Ich seufzte tief. „Was für ein wunderschöner Anblick, schöner als das Meißner im Schloss. Ich könnte glatt einen Planwagengaul aufessen."

„Frohe Weihnachten, Schatz", sagte Karin leise und schmiegte sich an mich.

Mr. O'Donovan füllte die Teller aus dem einen der beiden Töpfe mit einer gebundenen Kartoffel-Lauch-Suppe, wie man sie in Irland macht. Sie schmeckte köstlich und wärmte uns Leib und Seele. Er erzählte, im Sommer arbeite er in den Gärten. Jetzt, solange die Herrschaft verreist sei, habe er die Aufsicht über das Anwesen. Er habe uns beobachtet, seit wir aus dem Auto gestiegen seien. Ich meinte, er habe wirklich gut aufgepasst! Da nickte er und wies in die Ecke, wo neben einem Besen und einer Schaufel auch eine Schrotflinte an der Wand lehnte.

Karin erzählte, wie wir vor zwanzig Jahren schon einmal hier gewesen seien, als Studenten, mit den Fahrrädern. Und wieder behauptete sie, ich hätte sie im Rosengarten geküsst. „Das warst doch nicht du, das war Helene", murmelte ich, schon etwas benebelt vom zweiten Bier.

Der Alte nahm den anderen Topf vom Herd und schöpfte

jedem eine Portion des Gerichts auf den Teller, das aus Fleisch, Kartoffeln und Zwiebeln bestand und nach Thymian duftete. Ich spießte ein Stück Fleisch auf die Gabel. „Hammel", stellte ich fest; „Kartoffeln und Zwiebeln", ergänzte Karin, und dann riefen wir wie aus einem Munde. „Irish Stew!" Unser Gastgeber nickte. Natürlich, genau das war es, jener berühmte Eintopf, der auf den Speisekarten vieler guten Restaurants in der ganzen Welt erscheint.

Zu dritt aßen wir den ganzen Topf leer. Ich hob mein Bierglas. „Auf die Schwester", rief ich. „Es hat großartig geschmeckt!"
Der Alte schüttelte lächelnd den Kopf. Nicht damit, meinte er, holte die Whiskeyflasche und drei Gläser und schenkte ein. „Whiskey, das ist das Wasser des Lebens!"
Wir stießen an, auf die Kochkunst der Schwester, auf unser aller Gesundheit, auf Irland. Er sagte, er heiße Timothy, und ob wir Tim zu ihm sagen wollten, und wir sagten „Cheers, Tim!", und er solle uns Holger und Karin nennen. Auf Gälisch heiße das nicht „Cheers", sondern „Sláinte", korrigierte er; das klang etwa wie „slontje"; also: „Sláinte, Karin, sláinte, Holger!", und wir könnten über Nacht hier bei ihm bleiben, in der Schlafkammer; ihm genüge die Ofenbank. – „Sláinte, Tim, und danke, danke für alles!"
Meine Augen wurden etwas feucht, und die Wohnküche begann sich sachte um mich zu drehen. „Was für ein Weihnachtsabend", meinte ich selig, „meine Liebste, das werde ich dir nie vergessen!" Ich zog Karin an mich, küsste sie lange, und wir wünschten alle drei einander „Merry Christmas!"
Oh, Christmas! Er habe ja noch etwas, meinte er, und ging wieder nach nebenan.

„Jetzt fällt es mir wieder ein", sagte ich, „damals im Rosengarten, das war nicht Helene, das warst du!" Karin strahlte. „Sage ich doch die ganze Zeit, Schatz!" Tim kehrte mit einem Teller zurück, der mit einem Leinentuch bedeckt war. Ein Früchtekuchen war darauf, und schon als er das Tuch wegnahm, umfing uns eine Duftwolke. Kandierte Kirschen, Rosinen, Orangeat, ein Hauch von Zimt und sogar eine Spur von Muskat betörten die Zunge, und das Aroma des Whiskeys, mit dem der Kuchen getränkt war, setzte dem Ganzen die Krone auf.

„Das ist phantastisch, einfach unglaublich, wie im Märchen", meinte ich überschwänglich, und hob mein Glas, „auf deine Schwester, Tim, die Meisterköchin!"

Da schüttelte er sachte den Kopf. „Auf Mary", korrigierte er mit einem kleinen, traurigen Lächeln, „meine verstorbene Frau! Sie war es, die diesen Kuchen noch gebacken hat, zwei Tage vor ihrem Tod. Er braucht sechs Wochen, um durchzuziehen."

„Auf Mary!", wiederholten wir, und tranken das brennende Wasser des Lebens.

Des Philosophen Geistesblitz

Tief beeindruckt verließ der Philosoph Notre Dame. Das mächtige Bauwerk war Ausdruck einer erhabenen Idee: dass da ein allewiger Gott sei. Diesem Glauben zwar nicht folgend, zollte der Philosoph der Theologie dennoch Anerkennung. Der Gottesgedanke als eine großartige Leistung menschlichen Denkens. Und wie der Philosoph so philosophierend an der Seine dahinspazierte, verspürte er das menschlichste aller Bedürfnisse. Er suchte zu dessen Stillung ein nettes Café am Straßenrand aus. Doch beim anschließenden Glase Chardonnay grübelte er noch intensiver: die Gottesidee sei zwar imposant, zugegeben. Aber dass ein Moloch wie Paris eine funktionierende Kanalisation besäße, ohne in der Scheiße zu ertrinken, das schien ihm eine Leistung besonderer Qualität zu sein.

Bärenhunger, Bärenfasten

Es gab Tage, ja Wochen, da brauchte Engelbert sie nicht, verlangte nicht nach ihnen, da waren sie einfach kein Thema: seine kleinen Freunde aus Zucker, Fruchtsaft und Gelatine – allseits bekannt unter dem Namen „Gummibärchen".

Tante Thea meinte sogar, die Dinger seien gesund, gut für die Kniegelenke und überhaupt. In der Tat: mit seinen Kniegelenken hatte Engelbert noch nie Probleme gehabt. Sein Freund Klaus aber erzählte dann und wann von seinem Bärenexperiment: legte man so ein niedliches, unschuldiges Ding über Nacht in ein Glas Wasser, so würden die Bären glibbrig, farblos und auf ihr dreifaches Volumen aufgedunsen: unansehnlich, unappetitlich. Nun mochte man fragen, was Gummibären über Nacht in Wassergläsern zu suchen hätten, das sei ja nicht ihre Bestimmung. Dann glänzten Klaus' Augen triumphierend: „Genauso glibbrig, farblos und aufgedunsen sind die Dinger auch in deinem Bauch!"

Es gehört schon eine ganz eigene Philosophie dazu, sich Gedanken über Konsistenz, Farbe und Attraktivität der im Verdauungsprozess befindlichen Nahrungsmittel zu machen. Das sollte eigentlich das Problem von Klaus bleiben. Doch Engelbert vermochte sich der Überzeugungskraft dieser Belehrungen nicht zu entziehen; seine Bärenlust war immer für einige Zeit verflogen, wenn er die Experiment-Story gehört hatte.

Da gab es aber auch ganz andere Tage, die Alltage mit Stress in der Firma, Streit zu Hause, Hader mit Gott und der Welt. Dann holte sich Engelbert Trost bei den Bären. Tütenweise verschlang er sie in Krisenzeiten.

Alljährlich nun begann für ihn ab dem Aschermittwoch eine Periode des Grauens. In der Fastenzeit stand es für Engelbert überhaupt nicht zur Diskussion, dass er Verzicht üben wollte. Dafür musste man das liebste Laster lassen. Nicht die Sportschau war es, nicht der Likör, sondern eben diese verdammten Bären aus Gummi.

Jetzt bereiteten ihm weder Familie noch Arbeit Sorgen, sondern die Bären-Enthaltsamkeit selbst verursachte die Krise. Aber er begegnete Krisen sonst doch mit vermehrter Zufuhr der Bären! Ein Dilemma. „Stärke!", befal sich Engelbert selbst, „du musst durchhalten."

Die Tage der österlichen Bußzeit zogen sich wie Kaugummi. „Ach", dachte sich da der Engelbert, „auf Kaugummi zu verzichten, habe ich nicht gelobt!" Er kaute und kaute hinfort, aber Kaugummis konnten eben nicht Gummibärchen ersetzen, wie auch Cola kein Ersatz für Milch ist.

Er probierte es mit Datteln, Feigen, Nüssen, erlaubte sich gar ein Stück Käsesahnetorte: die Sehnsucht nach Gummibärchen stieg ins Unermeßliche. Schon war er nächtens aufgestanden, zum Geheimfach in der Wohnzimmerschrankwand gekrochen, fühlte sie in Händen – die Pfundtüte Gummibärchen, die bereits für die Osternacht bereit lag. „Stärke!", hauchte Engelbert noch und schlief erschöpft auf dem Teppich ein.

Es kam, wie es kommen musste, der süchtige Engelbert stieg auf härtere Sachen um: Schokoriegel, Schokoküsse, Pralinen, Waffeln, Mozart- und Rumkugeln, Trüffel. Ohne Erfolg. Das Schmachten nach Gummibärchen blieb ungebrochen. Dabei zählte man erst den dritten Fastensonntag. Halbzeit.

Es ging ans Eingemachte. Engelbert, dem Wahnsinn nah, sprach: „Wofür überhaupt fasten? Um Gott eine Freude zu machen? Was hat er von den ungegessenen Gummibärchen?" Sein Blick verfinsterte sich. „Und wenn es Gott am Ende gar nicht gibt? Alles wäre vergebens!" Ihm stockte der Atem. Eine Rolle Drops bewahrte ihn vor dem Schlimmsten. Kokosmakronen, Brausepulver, Lollys, Lakritzen und Karamellstängel brachten ihn wieder auf die Beine. Mit Ach und Krach, das heißt mit Marshmallows, Mausespeck und Marzipankartoffeln, mit Nougathappen und kandierten Früchten schleppte er sich zum Karsamstag. Unterstützt durch ein tägliches Eis. Plunderteilchen und türkischer Honig waren seine besten Freunde geworden.

Die Gummibärchen hatte er mit in die Osternachtsmesse genommen. Die Tüte knackte in der Manteltasche. Während des Schlussliedes versuchte er sie einhändig zu öffnen, was ihm nicht gelang. Endlich, die letzte Silbe war gesungen. Zitternd vor Ungeduld riss er den Beutel auf, nahm eine Handvoll Fruchtgummi in Bärenform – stockte. Würden sie ihm überhaupt noch Genuss bereiten? – Sie bereiteten. Innerhalb von Minuten waren alle verputzt.

„Stärke lohnt also doch!", sinnierte Engelbert zufrieden. Nur die gute Anzugshose saß in diesem Jahr etwas eng.

Der Dichter spricht

„Sein waren die Triumphe nicht,
allein, er musste schreiben.
Das Sein: ein einzig Reiben.
Dichten, das wurd' seine Pflicht.
Bücher waren sein Gericht."

Mit dem Gefühl tiefer Befriedigung ließ Udo den Stift aus
der linken Hand gleiten, lehnte sich zurück und seufzte
tief. Abgrundtief. Gut drei Dutzend Blätter beschriebenen,
bekritzelten, malträtierten Papiers lagen neben diesem,
dem einen, einzigartigen Blatt mit dem gerade vollende-
ten Gedicht. Um jedes Wort hatte er gerungen, gekämpft.
Den Rhythmus geschliffen, die Worte immer wieder laut
gesprochen. Bis es passte. Bis Udo meinte, einen Hauch
von Vollkommenheit zu spüren.
Anfängliche Skrupel wegen der Doppelung des Wortes
„Sein", oder weil nicht zu übersehen war, dass das „Reiben" Frucht des Reimes war, verschwanden hinter der
Gewalt der Begriffe „Pflicht" und „Gericht". Sicher, das
„musste" von „musste schreiben" gehörte eigentlich
kursiv gesetzt. Das würde sich schon arrangieren lassen,
wenn sein Lyrikband mit Goldschnitt und Lesebändchen
die Buchhandlungen eroberte. Hätte er sich nicht selbst
fest in der Hand gehabt, der Udo, hätte er sich nicht ge-
bremst, dann wären ihm mühelos schon jetzt die Kritiken
aus der Feder geflossen. Schreiben, das hieß für Udo:
schöpferisch sein, aus dem nie versiegenden Quell der
Muse trinken. Herrlich! Udo freute sich aufrichtig, der Welt
nicht vorenthalten worden zu sein. Immer und immer wie-

der las er seine Verse, die er längst auswendig konnte. Herrlich, einfach wunderbar!

Er schämte sich keineswegs, keine lesbare Prosa zu formulieren. Nicht populistische Massenkultur zu produzieren, wie Grass, Rinser oder Simmel, nein: Literatur! Das hieß in diesen Zeiten: gegen den Strom des Marktes zu schreiben. Sich nicht beirren zu lassen von Auflagenhöhen anderer Autoren, von ausbleibenden Zusagen der Verlage. Bewährung! Ausdauer! Prüfung bewirkt Stärke. Seine Stunde würde kommen. Triumphe! Aber, gemach ...

Dann kam der Tag. Udo saß wie gewohnt am Schreibtisch, zählte Silben, quälte Jamben, wühlte im Reimlexikon des Willy Steputat (allig, enker, urig – und die passenden Reime darauf). Eine Elegie war im Werden, über das zeitlose Thema Liebe und Triebe, aber auch Huflattich und Sozialismus sollten drin vorkommen.

Da kam der Anruf: der Herr vom Literaturbüro. Udo war dort vor zwei Jahren mehr oder minder ungerechtfertigt in die Kartei aufgenommen worden. Der Regel nach musste eine nicht selbst finanzierte Buchveröffentlichung vorliegen. Die hatte Udo zwar nicht vorzuweisen, noch nicht! Aber weil es damals Freitagnachmittag war und der Herr vom Literaturbüro nach Hause wollte, akzeptierte er einen Artikel aus dem Gemeindeblättchen. Udo hatte darin seine wohlstrukturierten Gedanken zur Himmelfahrt Christi dargelegt. Enttäuschenderweise waren nie Reaktionen darauf eingegangen. Zumindest nicht bei ihm.

Nun, der Herr vom Literaturbüro war in Nöten: welch ein Glück! Für die Veranstaltung „Literatur zur Kaffeezeit" im Bürgerhaus hatte die vorgesehene, recht angesehene Schriftstellerin absagen müssen. Ersatz wurde gesucht, händeringend, denn die Lesung sei noch am gleichen

Tag. (Der Herr vom Literaturbüro sagte Udo höflicherweise nicht, dass es bei ihm der neunzehnte Versuch nach ebenso vielen Absagen, war.) Welche Ehre! Ein Mann, ein Wort, nein, zwei: „Ja!" und „Gerne!"

Ob er schon einmal vor Publikum gelesen habe? Nein, nicht direkt (nämlich nur vor sich selbst). Nun, man müsse halt Erfahrungen sammeln. Jeder fange mit dem ersten Mal an. Kein Problem; aus Udos reichhaltigen Fundus würde sich ohne Mühe eine Stunde Lesezeit aufbereiten lassen.

Wenige Stunden später fand sich Udo im Bürgerhaus ein, mit frischem Hemd, einem Ordner voll Geschichten und Gedichten, und mit aufgeregt schlagendem Herzen. Reichlich betagte Herrschaften, vornehmlich weiblichen Geschlechts, saßen an langen Tischreihen und waren in stoischem Genuss mit dem Verzehr von Pflaumenkuchen beschäftigt. Udo wandte sich an eine der wenigen Damen unter achtzig Jahren, die in der Tat zu den Leiterinnen der Altentagesstätte gehörte. Eine Unterbrechung des Kaffeetrinkens hielt sie nicht für nötig; die Leute wollten früh heimgehen, er solle einfach beginnen.

Seine ersten gestammelten Sätze gingen noch im allgemeinen Geschmatze und im Geklirr der Teller und Tassen unter. Manche Unterhaltung Schwerhöriger konnte auch durch wiederholtes auffälliges Räuspern nicht unterbrochen werden. Endlich war ein Geräuschpegel erreicht, der Udo ein Sprechen erlaubte, das von hochmotivierten Zuhörerinnen vernommen werden konnte.

Auftakt: „Sein waren die Triumphe nicht" ... Volltreffer! Zwar waren alle Wörter dieses Gedichtes der deutschen Sprache entnommen und allgemeinverständlich, dennoch schien es irgendwie nicht angekommen zu sein. Zumindest blieb der Applaus aus. Geduld, Udo, das Eis muss erst gebrochen werden! Er versuchte es mit der Geschichte des nach dem Freitod seines Freundes irre gewordenen Mädchens, das dem Angebeteten auf selbigem Wege folgt. Kein Klatschen. Der Geräuschpegel stieg trotzdem merklich an. Letzter Versuch: ein religiöses Werk, seine Spezialität. Religion war schließlich ein dankbares Thema, zu dem sich vieles sagen ließ. Laut und lächelnd seine Lyrik:

„Gott und Mensch – eine Symbiose!"

„Eine was", fragte eine Dame ziemlich laut. Und bevor Udo etwas sagen konnte, antwortete die Platznachbarin in gleicher Lautstärke: „Eine Aprikose!" Eine Dritte meinte, er habe „Franzose" gesagt, „Unsinn, Hypnose", verbesserte eine vierte Seniorin. Nein, nein, alles falsch: „Arthrose", wusste noch eine andere Frau zu deuten, was zwar allgemeine Zustimmung fand, dennoch skeptische Blicke hinterließ. Eine letzte bemerkte noch beruhigt: „Ich dachte schon, er hätte ‚Zirrhose' gemeint." Immerhin huschte ein Grinsen durch die Reihen.
Udo beschloss, nichts dazu zu sagen, sondern einfach im Programm fortzufahren:

„Gott wird heute auch Mutter genannt.
Ob wir unseren Müttern damit nicht Unrecht tun?"

Ein Raunen. Tuscheln. Udo wagte es kaum, den Blick vom Manuskript zu heben. Jenseits davon: Ernste Gesichter, kauend. Auch dieser letzte Versuch musste als gescheitert angesehen werden. Er packte seine Papiere und nahm Reißaus. Erst heulte er wie ein Schlosshund, dann folgte ein Fressanfall: Eine Stunde später begannen dann bei der siebten Tafel Schokolade die Zähne zu schmerzen. Udo hatte zu Hause seine Werke vor sich aufgebahrt und wünschte sich, der Tag wäre nur ein Alptraum gewesen. Närrische Banausen. Ungehobelter Pöbel. Das war Perlen vor die Säue werfen. Der Verstand sprach ihn zwar frei, doch das Gemüt fühlte sich schuldig. Er machte sich nicht einmal mehr die Mühe, die Schokoladenspänchen vom blütenweißen Manuskript zu blasen, damit sie nicht schmierten. Er stapelte alles zusammen, die gesamte verkannte, verschmähte Weltliteratur, warf den Packen in einen Karton und trug ihn in den Keller. Neben leere Einmachgläser und Lackdosen. Schöpferische Pause, hieß das Stichwort. Abschalten, Atem schöpfen.

Sein Vorsatz, von edler Art, allen Schrift Stellenden empfohlen: Statt nur Bücher zu schreiben, auch welche zu lesen. Wo doch auch andere etwas geschrieben haben. Vielleicht sogar... – Cervantes' „Don Quixote" nahm er sich vor; als Lesezeichen diente ein kleiner, handbeschriebener Zettel: „Sein waren die Triumphe nicht ..."

Freunde des Buches

Ich sitze einem Herrn gegenüber. Wir kennen uns beide anscheinend ziemlich gut. Und doch habe ich keine Ahnung, wer das sein soll. Wir sprechen über Bücher. Aber über welche? Ich sehe mich wie ein unbeteiligter Zuschauer mit dem Alten diskutieren.

„Hast du mein Buch gelesen?", fragt er mich.

Ich zögere: „Nun ja, doch, schon."

„Was heißt das: Nun ja?"

„Das heißt, manche Passagen habe ich sogar so oft gelesen, dass ich sie auswendig kann. Andere hingegen kenne ich gar nicht."

Er scheint überrascht: „Du hast es also noch nicht einmal ganz durchgelesen, so von vorne bis hinten?"

Vorsichtig entgegne ich: „Offen gestanden: nein. Das haben aber auch wirklich nur die wenigsten."

„Ist das ein Argument?" Er wirkt betroffen.

„Natürlich nicht, entschuldige bitte."

„Schon gut." (Das sagt er aber bloß aus Großzügigkeit.)

Ich trotze: „Weißt du, es ist aber auch sehr umfangreich."

„Na hör mal, ‚Vom Winde verweht' ist auch sehr umfangreich."

„Aber nicht so wirr, nicht so kompliziert."

„Was heißt hier: wirr und kompliziert? Vielleicht liest du es komplizierter, als es ist."

„Ich bitte dich! Du wirst wenigstens zugeben müssen, dass es wirr und kompliziert ist."

Er scheint ein wenig zu schmollen. Ich will eigentlich etwas Versöhnliches sagen, andererseits ist es die passende Gelegenheit, etwas Grundsätzliches anzumerken. Ich bin ein Freund von Grundsätzlichkeiten.

„Außerdem sagt man, es stamme nicht von dir. Zumindest nicht alles."

„Wo sollte ich abgeschrieben haben?" Er wirkt richtig verärgert.

„Das war doch gar nicht als Vorwurf gegen dich gemeint. Andere schreiben irgendwelches Kauderwelsch und schmücken sich dann mit deinem Namen. Das ist doch nicht korrekt. Also ich an deiner Stelle ..."

„Besten Dank!", fährt er mir über den Mund. „Auf deine klugen Ratschläge kann ich nun wirklich verzichten." Jetzt ist er endgültig beleidigt. Aber ich bin mit seiner Gesprächsführung wohl auch nicht zufrieden. Ich sehe sehr enttäuscht aus.

„Und überhaupt lese ich lieber Böll und Singer und Brecht. Da sagen mir ja noch Simone de Beauvoir und Guareschi mehr als deine abgedackelten Verse. Begreife gar nicht, warum du so stolz darauf bist!"

Verletzt klingt sein: „Ach!"

Ich setze noch einen drauf: „Und aktuelle Themen fehlen ganz: kein Wort zur Atomenergie, keines zur Arbeitslosigkeit. Und Gentechnik? Keine Silbe dazu. Aber viel unverständliches Zeug."

Tief gekränkt bemerkt er: „Seit Jahrhunderten ein Bestseller, kaum ein Mensch, der es nicht kennt. Viele lesen jeden Tag darin."

„Ein bemerkenswerter Unterschied zu Mein Kampf. Das hatten auch alle, aber keiner las darin." Aber damit bin ich zu weit gegangen. Ich merke es im Moment des Aussprechens. Ich schäme mich, eröte. Leise klappe ich meine Bibel zu, verneige mich noch einmal sacht und verabschiede mich von Gott.

Römische Beichte

Wie lange bin ich überhaupt schon in Rom? Als ich meinem Patenkind eine Postkarte schreiben will, fällt mir auf, dass ich zeitlich überhaupt nicht mehr orientiert bin: Welches Datum, welcher Wochentag ist heute? Wie auch immer: ich deute das als Zeichen großer Zufriedenheit.

An diesem Tag absolviere ich die Route Nummer vier meines Reiseführers: Quirinal, Pantheon, Tiberufer, Aventin. Mein Weg führt mich auch an der berühmten – was heißt das schon in Rom, da ist alles berühmt – Fontana di Trevi vorbei. Aber irgendwie bringe ich es nicht übers Herz, eine Münze in diesen Brunnen zu werfen. Ja, zurückkehren, das würde ich schon gern. Aber weder meine volkstümlichen noch meine abergläubischen Neigungen gehen so weit, dass ich mich zum Münzwurf entschließen könnte. Ich lege das Geld lieber in einer Pasticceria in süßen Teilchen an, solchen, die man in Frankreich Petits Fours zu nennen pflegt.

Das Pantheon – sehr schön. Hätte mir aber als heidnischer Tempel wohl besser gefallen. Die lebendigen Reiseführer dort erzählen ihren eifrigen Zuhörern etwas von singenden Türen: Die großen metallenen Tore würden durchs Öffnen in Schwingungen versetzt. Und eben diese Vibrationen würden himmlisch surren. Alle sind gespannt wie Flitzebögen – aber ach: Vorführeffekt. Die Türen versagen, wie ein Kind, das den Eltern ein Kunststückchen vorführen soll.

Interessant wird es dann noch in der Hauptkirche der Jesuiten, Il Gesù. Die Kirche an sich – naja, wenn man so viele hintereinander sieht, verlieren sie ihren Reiz. Ich betrete also das Gotteshaus, weil es der „Polyglott" so vorsieht. Ein wenig ausruhen will ich, und setze mich in eine Bank. An den Beichtstühlen bemerke ich ein reges Treiben. Ich überlege, ob ich die durchschnittliche Verweildauer der Pönitenten mittels einer statistischen Erhebung ermitteln sollte.

Während meines Abwägens höre ich ein rhythmisches Klacken auf dem marmornen Fußboden, das von eisenbeschlagenen Stöckelschuhen herrühren muss. Und da kommt sie auch schon: Eine attraktive junge Frau, die zielstrebig auf einen Beichtstuhl zu geht, und geschmeidig hinter den Vorhang gleitet. Was wird sie wohl zu beichten haben? Ehebrüche? Oder ist das eher eine Managerin, und sie hat gerade krumme Geschäfte gedreht? Hat sie gar ihren Mann umgebracht?

Ich beiße mir auf die Lippe und spüre mein Herz schlagen. Aber wer schuldbeladen kommt, rauscht nicht so geräuschvoll zur Buße. Schwupp, der Vorhang öffnet sich ebenso schmissig, wie er geschlossen wurde. Keineswegs geneigten Hauptes tritt die Donna heraus und verlässt ohne Umschweife die Kirche. Kein Reuegebet, keine Kerzlein? Was ist da los? Und als eine knappe Minute später aus eben jenem Beichtstuhl geradezu torkelnd der Priester herauskommt und seine Stola an den Haken hängt, da mache ich mir so meine Gedanken.

Einfach strukturierte Zeitgenossen würden behaupten, der Fall sei klar: die Frau wäre vom Gynäkologen gekommen und dieser hätte eine Schwangerschaft festgestellt. Als Vater sei nur der Priester in Betracht gekommen. Nun sei die Frau sofort zu ihm geeilt und habe ihn vor die Alternative gestellt: Entweder Heirat in vier Wochen oder ein öffentliches Bekenntnis in La Stampa. Seine Karriere als Pater in der mittleren Führungsebene des Ordens wäre damit erledigt, aber Priester könnte er wohl bleiben. Einen Tag Bedenkzeit habe sie gnädiglich gewährt. Vierundzwanzig Stunden später, gleicher Ort, würde sie wiederkommen und eine Antwort erwarten. – O.k., nicht schlecht, die Story, aber doch reichlich primitiv.

Ich schließe die Augen, und in meinem Hirn entspinnt sich eine Szene ganz anderer Art:

PRIESTER [legt sein Buch zur Seite, als die Frau eintritt]: Im Namen des Vaters und des Sohnes und des Heiligen Geistes.

FRAU: Amen.

PRIESTER: Wann war deine letzte Beichte?

FRAU: Keine Ahnung. Ich glaube, vor der Erstkommmunion.

PRIESTER: Was hast du auf dem Herzen?

FRAU: Ich möchte Gott vergeben.

PRIESTER [schweigt verdutzt]

FRAU: Ich habe es mir lange überlegt, doch nun habe ich mich durchgerungen.

PRIESTER: Ich verstehe nicht ganz: Wofür möchtest du um Vergebung bitten?

FRAU: Ich möchte nicht darum bitten, ich möchte vergeben.

PRIESTER: Das ist gut und richtig. Wir sollen nicht nur siebenmal, sondern siebenundsiebzigmal, also ungezählte Male vergeben. [Vorsichtig] Wem willst du vergeben?

FRAU: Gott.

PRIESTER [schweigt wiederum]

FRAU: Ja, ich möchte heute feierlich Gott die Absolution erteilen.

PRIESTER: Moment mal. Was hat Gott dir denn getan?

FRAU: Was er mir getan hat? Das kann ich sagen: die Frauen, die als Hexen verbrannten, da brannte ich mit; und die, die in Hiroshima starben, einige zehntausend auf einen Schlag, von ihnen war ich eine; unser Nachbarsmädchen, neun Jahre alt, regelmäßig von ihrem Vater vergewaltigt, da wurde auch mir Gewalt angetan ...

PRIESTER [fällt ihr harsch his Wort]: Genug. Deine Fähigkeit, mitzuleiden, mag beachtlich sein, aber ...

FRAU: Aber was?

PRIESTER: Lieber Himmel, ich verstehe doch auch nicht, warum Gott das alles zulässt und nicht mit starker Hand eingreift.

FRAU: Er liebt uns nicht genug. Nicht mehr.

PRIESTER: Was sagst du da? Gott ist die Liebe!

FRAU: Soll ich noch mehr Beispiele anführen?

PRIESTER: Um Gottes Willen, nein!

FRAU: Ich werde jetzt Gott die Schuld vergeben.

PRIESTER: Moment noch. Warum tust du das?

FRAU: Weil ich unter der Last der Schuld zerbreche.

PRIESTER: Ich denke, es ist Gottes Schuld.

FRAU: Stimmt, aber ich muss sie tragen.

PRIESTER [rauft sich die Haare]: Du redest so wirr. Du kannst Gott nicht vergeben.

FRAU: Warum sollte ich das nicht können?

PRIESTER [ringt um Worte]: Es ... es ist nicht vorgesehen!

FRAU: Schweig jetzt.

PRIESTER [schweigt verdattert]

FRAU: In wessen Namen vergibst du den Menschen, die hier beichten, die Schuld?

PRIESTER: Im Namen Gottes.

FRAU: Du bist also sein Stellvertreter?

PRIESTER: Nun ja, das würde man im modernen theologischen Sprachgebrauch so nicht mehr ausdrücken. Aber im Prinzip schon.

FRAU: Dann werde ich jetzt dir als Gottes Stellvertreter die Schuld erlassen.

PRIESTER: Mir?

FRAU: Gott!

PRIESTER [weiß nichts mehr zu sagen, hält sich die Hände vor das Gesicht]

FRAU: Gott, ich spreche dich los von all deinen Sünden, in meinem Namen! [Macht ein Kreuzzeichen über den Priester, steht auf und verlässt sofort die Kirche.]

PRIESTER [verweilt noch eine Weile still und starr. Endlich nimmt er die Hände herunter und spricht]: Amen.

Zugegeben, so muss es nicht, aber so könnte es gewesen sein. Und ich wünschte, es wäre so gewesen. Die Wahrheit wird mir verborgen bleiben. Aber damit kann ich leben. Ich kehre zurück ans Tageslicht und bestelle mir an der Piazza Gnocchi alla romana. Ich gestehe, es schmeckt noch ein wenig nach Beichtstuhl: mehlig. Die schwäbischen Geschwister der Gnocchi, die Schupfnudeln, sind mir irgendwie doch lieber. Den Aventin spare ich mir; beim nächsten Mal vielleicht.

Der Fähnchenschwenker

Es war ein Scheißjob. Aber er brachte einen nicht um. Ich war der Mann, der an der Baustelle auf der Autobahn immer das orangene Fähnchen schwingt.

Bei Regen und Sonne. Bei Regen war das natürlich beschissen. Aber ich musste mich nicht gerade tot schuften und hatte außerdem noch Zeit zum Nachdenken. Zum Beispiel, dass das ganz schön gemein war von meiner Mutter, mir immer die alten Klamotten meiner Brüder anzuziehen. In der Schule haben sie mich oft deswegen ausgelacht. Flicken auf den Knien und so'n Zeug. Oder: Dass es bei den Messdienern eigentlich ganz nett war. Da habe ich das Rauchen gelernt. Heute glaube ich ja an nix mehr. Manchmal habe ich mir auch vorgestellt, ich müsste eigentlich nur einen kleinen Schritt zur Seite tun, plötzlich vor einen Achtzehntonner springen, und aus ist es.

Nach der Sache mit dem Kindergarten habe ich den Job dann sausen lassen. Es war ja auch eine irrsinnige Idee gewesen. Gebe ich heute offen zu. Joe und ich wollten an einem Abend zwei Mädchen aufreißen. Wir baggerten die an bis zum Gehtnichtmehr. Aber die machten einen auf brave Mädchen und zogen ab. Dann zockten wir ein bisschen mit Harry und dem blonden Milchreisbubi; hab den Namen vergessen. Irgendwann war ich blank. Joe und ich ließen uns vom Wirt noch einen Feigling auf Anschreiben kommen und rauchten die letzten Kippen in heftigen, kurzen Zügen.

Ich wollte gerade anfangen, über den Sinn des Lebens zu diskutieren, da sagte Joe: Schnauze, ich hab eine Idee. Die Idee war, in den Kindergarten hinter der Kirche einzubrechen und mal zu gucken, ob da nicht was zu holen sei. Ich wehrte ab. Nee, sagte ich, in den Kindergarten bin ich doch selbst mal gegangen. Das kann ich nicht. Quatschkopp, sagte Joe. Er meinte den evangelischen, und ich sagte zu. Muss aber schon einen im Tee gehabt haben. Wir gingen dann sofort los. Joe schlug ein Fenster auf der Rückseite ein. Da wir aber keine Taschenlampe bei hatten, sahen wir kaum etwas. Joe war noch viel mehr zu als ich und stolperte andauernd über Bauklötzchen und so'n Zeug. Endlich fanden wir das Büro. Im Schreibtisch war aber kein Geld. Scheiße! Aus Wut stießen wir den Kram um. Plötzlich ging das Licht an, verdammt. Ein stämmiger Typ stand in der Tür und brüllte: Ihr Mistkerle! Joe ging einfach auf ihn los, trat ihn zwischen die Beine und sonst wo hin. Da sank der Mann zu Boden, und wir stiegen schnell über ihn drüber. Durch den normalen Eingang sind wir dann raus und einfach losgelaufen. Ich bin nach Hause, hab mich dort in die Falle gehauen, konnte aber vor Aufregung nicht schlafen.

Am nächsten Morgen stand die Polizei vor der Tür und bat mich, doch mal mitzukommen. Mein Alter schüttelte nur den Kopf, Mama heulte. Der Typ im Kindergarten war der Hausmeister gewesen, und der kannte Joe, weil er seinen Vater aus dem Kegelclub kennt. Und Joe, die Ratte, hat mich verraten.

Ich hatte noch Schwein. Ich hatte schon Muffensausen gehabt, ich müsste in den Knast. Wer da harmlos reingeht, kommt als Verbrecher wieder raus. Die Evangelen haben keinen Strafantrag gestellt. Und weil Joe den Hausmeister getreten hat und nicht ich, bekam ich nur eine Auflage: Ausgerechnet in einem Kindergarten gute Werke tun. Sandkastenharken und so. Mann, Mann, das war ja sowas von peinlich. Wie das vorbei war, bin ich erst mal trampen gegangen, weil meine Alten mich rausgeschmissen hatten. Ich sollte mir selbst 'ne Bude suchen.

Von ein paar alten Kumpels habe ich mir ein paar Kröten geliehen und bin dann los. Einfach nur weg. Auf irgendeiner Raststätte an der A 3 nahmen mich so ein paar Glatzköpfe mit. Ich sähe ja wie ein Glückspilz aus, sagten die zu mir. Sehr witzig. Ich erzählte nur ein paar Brocken von meiner Geschichte. Da sagte einer, der hieß Heiner, ob ich es denn richtig fände, dass uns die Ausländer die Wohnungen und die Arbeitsplätze wegnehmen würden. Ich fragte verdutzt, wen er denn mit „uns" meine. „Na, uns Deutsche." Daran hatte ich noch gar nicht gedacht. Auf jeden Fall haben die mich bis Mannheim mitgenommen, und ich durfte bei denen auch pennen. Am nächsten Tag verabschiedete ich mich, und die sagten, ich könne am Abend ja mal zu ihrem Treffen kommen, wenn ich nichts Besseres zu tun hätte. Ich ging hin. Die begrüßten mich wie einen Freund. Dann wurden da Reden geschwungen, vom Hitler und so. Ziemlich daneben. Aber ich sagte nichts. Es gab ja was zum Saufen. Außerdem hatte ich das Auge auf eine Blondine geworfen, die da saß: schwarzer Lederdress, total geil. Die hat mich auch immer angelächelt. Irgendwann traute ich mich und setzte mich neben sie. Ich saß keine zwei Sekunden da, da kam einer von diesen Oberfaschos und legte seine Hand auf meine Schulter. Na, Kamerad, und so'n Zeug. Ob ich mich denn nicht auch der Sache für das Vaterland anschließen wolle. Ich kapierte sofort, dass die Mieze seine war. Mit so einem glattrasierten Armleuchter wollte ich mich dann doch nicht anlegen. Ich salbaderte ein bisschen rum. Als er weg war, sagte die Mieze leise: Komm morgen früh um zehn wieder hierher. Außer mir wird niemand da sein. Stand auf und ging. Mit den letzten

Kröten mietete ich mich in der Jugendherberge ein und stand am nächsten Morgen um zehn auf der Matte. Tatsächlich war nur die Mieze da. Susanne hieß die. Sie fand mich ja auch unheimlich nett und so, und wir knutschten wie wild rum. Aber als die an meinen Reißverschluss langte, wurde mir doch heiß. Scheiße! Ich konnte nicht so, wie ich wollte. Da lachte sie mich aus. Schlappschwanz, höhnte sie. Da langte ich ihr eine. Am gleichen Tag haute ich ab aus Mannheim.

Ich kam dann irgendwie wieder in die Eifel und schlüpfte für ein paar Tage bei Pater Laurentius im Kloster unter. Den kannte ich aus meinen Messdienertagen. Der fragte nicht viel. Ich konnte ausschlafen, mich satt essen und duschen. Was will ein Mensch mehr? Irgendwann fing der auch noch an: Junge, und so, denk an deine Zukunft. Da hat mich dann nichts mehr gehalten.

Zu Hause bin ich dann aufs Sozialamt. Drei Stunden musste ich da auf diesem öden Flur warten.

Dann hatte ich keinen Bock mehr. Aber Scheiße, am nächsten Tag musste ich ja doch wieder hin. Mittlerweile rege ich mich nicht mehr auf, in so viele Wartezimmer zu müssen. Die Sozialwohnung – 28 Quadratmeter – habe ich selbst renoviert, da muss vorher ein Pisser drin gehaust haben. Und vielleicht habe ich ja auch noch mal eine Chance auf'm Arbeitsamt. Warum ich keinen Schulabschluss hätte, fragte mich der bekloppte Sachbearbeiter. Warum? Verdammt, weil ich damals zehn Stunden am Tag vor der Kiste gegangen habe und Schule einfach unerträglich fand. Das war ein Stress. Und nochmal sitzen bleiben, da hatte ich nun wirklich null Bock drauf. Jetzt könnte ich vielleicht auf dem Schlachthof irgendwas mit Wurst machen. Hab's nicht kapiert. Aber die Arbeitszeiten sind auch Scheiße.

Und ein Bus geht so früh noch gar nicht da hin. Mein Mofa habe ich doch längst verhökert. Und die Kumpels sind in alle Winde zerstreut.

Manchmal wünsche ich mir, ich könnte wieder an der Autobahn stehen und das orangene Fähnchen schwenken. Natürlich war das ein Scheißjob. Bei Regen und so. Aber ich konnte in Ruhe nachdenken. Ob ich wohl jemals in meinem Leben einen Ferrari fahren werde. Ob ich mal an Krebs sterben muss. Aber ein ehemaliger Kollege sagte mir, dafür hätten sie jetzt so Apparate. Die schwenken das Fähnchen automatisch. Läuft über Batterie.

Montags Männergruppe

Montag. Sie lungern im Wohnzimmer herum, auf dem Sofa, im Schaukelstuhl, auf der Eckbank. Sie stricken nicht. Sie streicheln sich auch nicht. Es gibt schon mal Zoten, natürlich. Zum Beispiel, als Hartmut – ausgerechnet Hartmut! – grinst: „Warum werden die Frauen seit Jahrhunderten unterdrückt?" Keinem fällt eine Antwort ein, die blöd genug ist. „Na, weil es sich bewährt hat." Hans-Peter und Friedhelm lachen schallend. Christoph und Ignaz grinsen nur, schämen sich jedoch dafür. Siggi zeigt gar keine Reaktion, aber er war wohl ein wenig eingenickt oder hat gerade nicht zugehört. Dieter war gerade mal austreten. – Männergruppe. Wie jeden Montag.

Es fließen Bier und Wein, manchmal auch Tränen. Friedhelm hat immer Hunger, Dieter selten Zeit. Hans-Peter bemüht sich um eine Struktur in der Gruppe: themenzentriertes Arbeiten. Über Probleme des Mann-Seins reden. Themen wie Vater-Sein, Sexualität, Gefühle. Jaja, natürlich sprechen sie genauso über Fußball, über die Firma. Und über Frauen.

„Kommt 'ne Blondine zum Vorstellungsgespräch und bringt ihre Matratze mit ..."

„Lass mal gut sein, Hartmut", unterbricht ihn Hans-Peter freundlich, aber bestimmt, „heute reden wir über Träume."

„Haben wir denn noch welche?" fragt Christoph.

„Darüber wollen wir ja gerade reden."

„Ach so."

„Also ich kann gleich mit einem Traum anfangen, den ich letzte Nacht hatte." Ignaz wippt im Schaukelstuhl vor und zurück.

„Will eigentlich keiner wissen, wie mein Witz weitergeht?",
flüstert Hartmut so laut, dass es jeder hören kann.

Doch jetzt spricht Ignaz, der Dozent für Ethnologie, der
seine Frau Esther an eine andere Frau verloren hat – an
Hans-Peters Antonia. Die beiden Frauen haben Erfüllung
gefunden in ihrer lesbischen Freundschaft.

Esther will ihren Mann jedoch nicht verlassen, kann sich
allerdings auch nicht so recht für ihn entscheiden. Esther
ist nun seit zwei Jahren dabei, sich zu finden: Vor allem ihr
Frau-Sein muss sich besonders versteckt gehalten haben.
Doch mit der Solidarität jener Menschen, die fürs gleiche
Geschlecht etwas empfinden, macht sie sich auf die Suche: sie liest Frauenliteratur, die sie nur im Frauenbuchla-
den kauft, geht ins Frauencafé, ins Frauenmuseum, fährt
auf Wochenendseminare für Frauen. Sie wählt natürlich
die Frauenpartei. Trost und Stütze für ihre kümmerliche,
von Ignaz so lange dominierte Existenz findet sie in der
Frauengruppe.

„Entscheide dich", sagte sie einmal zu Ignaz.

„Moment mal, bitte", entgegnete der, „du hast den Status
quo verändert, also musst du auch sagen, wie es weitergehen soll."

„Also gut: Meinetwegen kann es so bleiben, wie es ist."

„Aber dabei gehe ich vor die Hunde!" Das Blut raste durch
seine Adern, und er hielt sich krampfhaft an der Sesselleh-
ne fest.

„Dein Problem", sagte sie schnippisch und stand auf.

Er warf die Blumenvase knapp an ihr vorbei, gezielt vorbei.
Esthers Blick war starr vor Schreck, als sie sich umdrehte.
Aber sie fasste sich gleich und sprach betont sanft, damit
der Zynismus besser saß: „Armer Kerl."

„Scheiße!", brüllte er. Und musste zudem noch die Scherben zusammenfegen. Eigenartigerweise bekam er ein paar Tage später von jemandem, der den Vorfall nicht kannte, eine Blumenvase geschenkt.

Hans-Peter hatte es entschieden einfacher als Ignaz. Antonia hatte ihn, als das mit Esther anfing, kurz und bündig in Kenntnis gesetzt: „Es ist aus! Ich liebe nur noch Esther, damit du das weißt."

So sehr Ignaz dieses Weib verachtete: nie ist sie einen Millimeter von ihrer damaligen Entscheidung abgewichen. Für Hans-Peter war das nun wirklich ein Schuss ins Genick, von dem er sich nur langsam erholte. Zumindest aber wusste er, woran er war. Später drückte er es mit einem Bild aus: „Meine Antonia hat mit einem Granatwerfer auf mich geschossen, deine Esther benutzt eine Schrotflinte."

Ignaz erzählt also seinen Traum: „Ich hatte mich mit Esther versöhnt und wollte am Abend etwas Festliches kochen."

„Was?" unterbricht ihn Friedhelm.

„Lieber Gott, vielleicht Lasagne mit Spinat oder was weiß ich. Auf jeden Fall hatte ich die Einkaufstaschen vollgepackt und an beide Lenker meines Fahrrades gehängt. Ich war hier auf der Hauptstraße beim Lädchen gewesen. Ich fuhr dann ziemlich schwankend nach Hause, weil sich das Rad kaum noch lenken ließ. Plötzlich kommt mir Antonia im Auto entgegen."

Hans-Peter grinst.

„Ich hebe die rechte Hand zum Gruß, ganz spontan. Ein Friedensgruß. Und was passiert? Der Lenker reißt nach links aus, ich gerate mit dem Rad auf die andere Spur, und es kracht."

„Das ist interessant", kommentiert Christoph. „In dem Augenblick, in dem du deiner Widersacherin durch den Gruß vergeben willst, bringst du sie um. Sowas kann man sich nicht ausdenken, das kann man nur träumen." Christoph ist Dichter; wirtschaftlich betrachtet mit mäßigem Erfolg, aber tiefe Literatur findet nun mal keinen großen Absatzmarkt.

„Bist du dir sicher, dass sie ausweichen würde?" fragt Dieter, der Chirurg.

„Moment mal", korrigiert Ignaz, „ich bin doch gestorben bei dem Unfall, ich, nicht Antonia."

„Wie grausam!" Christoph jubiliert. „In der Stunde der Versöhnung setzt sich die Widersacherin durch, weil du sie gegrüßt hast. Der Akt der Versöhnung als ..."

„... Chance für die zwei Frauen. Die weinen dann an deinem Grab im Chor." Hartmut nimmt einen tiefen Schluck.

„Ich wollte sagen: als Opfer." Christoph hat seinen Faden wieder aufgenommen. „Du vernichtest dich selbst, damit den Frauen der Weg zueinander offen ist. Absolute Selbsthingabe."

Nun spricht Hans-Peter: „Der Witz ist, dass Ignaz sich ja wirklich vernichtet, ohne bei diesem Unfall gestorben zu sein. Du setzt deiner Esther keinen Widerstand entgegen. Du lässt dir zuviel gefallen!"

Ignaz blickt mürrisch. „Hans-Peter, ich habe keine Lust, jetzt zum hundertsten Male zu wiederholen, warum ich noch nicht ausgezogen bin. Und du, Christoph, sprichst mir zu psychologisch."

„Brauchst du auch nicht", sagt Hartmut. „Mir hätte aber eigentlich doch besser gefallen, Antonia wäre verunglückt."

Ignaz wirft mit einem Kissen nach Hartmut, Dieter wirft nur einen strengen Blick, Hans-Peter grinst.

„Ich habe auch was zum Thema Traum zu erzählen." Erstmals macht Siggi heute Abend den Mund auf. Er kommt sehr unregelmäßig, wird eigentlich nicht zur Männergruppe gezählt, hat eher einen Gaststatus. Siggi ist Programmierer, mit Pickeln übersät und von Krisen geschüttelt. Seine Ehe wackelt hin und her. Hilde, seine Frau, hat zwei Kinder aus erster Ehe, dann bekamen sie ein gemeinsames drittes. Eine Trennung wurde oft erwogen, aber aus verschiedenen Gründen – vor allem der Kinder wegen, wie beide sich selbst versicherten – nicht vollzogen.

„Und zwar ist es ein Traum von Hilde. Gestern Abend hatten wir einen Riesenkrach, und dann erzählte sie mir ihren Traum." Er verstummt und sieht sehr bedrückt aus; Hans-Peter ermutigt ihn zum Sprechen.

„Hilde hat geträumt, ich würde sie vergewaltigen."

Ignaz wippt unruhig mit dem Schaukelstuhl, Christoph schluckt, Hartmut gießt sich nach, die anderen trinken gemeinsam wie auf Kommando.

„Und?"

„Und was?"

„Wie hat Hilde das gedeutet?"

„Gar nichts hat sie gedeutet." Siggi ist richtig blass. „Sie sagte, sie wolle mir das nur mal so sagen."

„Das ist doch unfair." Dieter sieht Siggi an, der auf der Eckbank kauert und die Beine an den Körper gezogen hat. „Einen solchen Traum kann man doch nicht wertfrei weitererzählen, ganz ohne Botschaft."

„Aber man muss ernst nehmen, dass Hilde es so geträumt hat", wendet Christoph ein.

„Wenn sie es Siggi so vor die Füße klatscht, ist es doch unfair. Beide müssen gemeinsam herausfinden, was das bedeuten könnte." Alle nicken zustimmend.

„Ja, läuft bei euch denn nichts mehr?", erkundigt sich Hartmut, und Christoph ahmt abfällig das Wort „läuft" nach.

„Nun ..." Siggi wird nicht gerade rot, doch leicht fällt es

ihm jetzt nicht, zu sprechen: „Unser Bedürfnis nach Sex ist wohl unterschiedlich groß."

„Das ist ja wohl nicht nur euer Problem."

„Klar. Ich habe halt ein paar Mal Andeutungen gemacht, dass ich Lust hätte. Ohne Reaktion von ihr. Und dann habe ich ihr mal enttäuscht vorgeworfen, ich müsste mir eine gemeinsame Nacht wohl durch gute Führung verdienen."

„Das war wenig diplomatisch." Ignaz wiegt den Kopf, als wolle er eigentlich sagen: Wie dumm von dir, Junge.

„Aber ehrlich!", springt Hartmut Siggi bei.

Hartmut ist einer der wenigen, die noch in einer intakten Ehe leben. Das heißt: er ist nicht geschieden und lebt mit seiner Frau zusammen in einem Haus, schläft mit ihr in einem Bett. Er mag sie wirklich, seine Madeleine, eine Französin. Die beiden passen auch wirklich zusammen: beide sind so sparsam, dass es fast an Geiz grenzt. Obwohl Hartmut einen hohen Posten in der Stadtverwaltung hat. Sie kaufen das eingeschweißte Brot im Supermarkt, statt zum Bäcker zu gehen, und für die Kinder gibt es immer nur ein Bällchen Eis. Hans-Peter und Ignaz fragen sich manchmal, worauf sie wohl sparen. Seine Lebensträume kann sich Hartmut kaum noch verwirklichen. Eigentlich hatte er Politiker oder Lehrer werden wollen. Doch der Wunsch nach Sicherheit ließ ihn Verwaltungsrecht studieren und in eine Behörde gehen. Und obwohl seine Beziehung mit Madeleine „funktioniert", möchte keiner aus der Männergruppe mit ihm tauschen.

Christoph hatte damals in der Diskussion das Ideal der wahren Liebe hochgehalten. „Ohne h", war Ignaz damals außergewöhnlich sarkastisch geworden, „die Ware Liebe!" Dabei wusste Christoph, worüber er philosophierte. Schließlich hielt seine Ehe mit Ludmilla schon fünf Jahre.

Sie war allerdings dreizehn Jahre älter als er, was an sich nichts bedeuten sollte. Aber ab und zu traten beinahe Generationenkonflikte auf, etwa wenn Ludmilla ihren Christoph aufforderte, sich die Fingernägel zu säubern. „Und dieser Frau habe ich Gedichte geschrieben", klagte er dann, „und das Schlimmste: ich liebe sie ja doch!"

Friedhelm sagt enttäuscht: „Ich dachte, wir sprechen über Wunschträume. Hier geht es nur um Horrormärchen."

Aber dann erzählt doch noch einer vom kleinen Landhaus im Grünen, mit Pferden und Sonnenblumen. Ein anderer wünscht sich, auf einem Leuchtturm zu leben. Eine Affäre mit einer Farbigen wünscht sich ein Dritter. Und ausgerechnet Ignaz hat einen ganz profanen Traum: ein Taxi bestellen, zum Flughafen fahren, zum nächstbesten Schalter gehen und fragen: Wohin geht das nächste Flugzeug? Dann einen Spaziergang durch London oder Sankt Petersburg machen, und zum Abendessen wieder zu Hause sein. Christoph kann nur müde abwinken: „Ich möchte einmal mit Gott diskutieren."

„Warte nur ab, das kommt schon noch."

Bei Dieter piepst das Mini-Funkgerät; er muss noch einmal in die Klinik. Hartmut fällt gerade ein, dass seine Madeleine auf ihn wartet. Auch die anderen nutzen die Aufbruchsstimmung zur Verabschiedung, nur Friedhelm bleibt noch auf einen Schluck bei Hans-Peter, in dessen Wohnung sie sich getroffen haben.

Friedhelm hat seine Frau ohne Grund verloren, wie er selbst beteuert. Allerdings setzt sich langsam ein Bild durch, das es zumindest Ignaz und Christoph verständlich macht: nicht nur Monika hat Schuld am Zerbrechen dieser Beziehung. Friedhelm ist Ausbilder für Zahntechnik. Und wer kennt nicht die Klagen der Auszubildenden, die sich über jene Lehrer beschweren, die beim Erklären am Objekt keine Gelegenheit ungenutzt lassen, die jungen Frauen zu berühren. Seit Monika mit den drei Jungen ausgezogen ist, leidet Friedhelm wirklich. Er schwankt zwischen ersehnter Selbstvernichtung („mit 180 Sachen vor den Brückenpfeiler, das langt!"), dem Wunsch, seiner Frau das Leben zu ruinieren, und dem Plan, nach Thailand zu gehen und dort neu zu heiraten. Bis zum Tag X versüßt er sich jedoch die Zeit: Auf eine Anzeige, die er in einem Internetportal geschaltet hatte, sind zweiundsechzig Antworten von mannsuchenden Frauen gekommen. Der Prahler! Und er beteuert doch tatsächlich, mit achtundzwanzig von ihnen sei er bereits essen gegangen. Seine Quintessenz: „Die Frauen unter vierzig musst du einladen, die über vierzig zahlen selbst."

Hans-Peter ist dann doch froh, als die Wohnung endlich leer ist. Im Schweigen schwingen noch die Worte der Männer nach. Es riecht nach Bier und Schweiß.

Er denkt an Siggis und Hildes Traum. Ja, einmal wäre er fast fähig gewesen, sich von Antonia zu holen, was sie ihm schon lange verwehrte. Sie hatten damals das Einfamilienhaus, so gut es ging, in zwei getrennte Wohnbereiche aufgeteilt. Er war hinuntergegangen, erregt, verdreht, nur in Unterhose. Seine Hand lag schon auf der Klinke, da hörte er Antonias Stimme durch die Tür. Sie telefonierte. Diese schrille Stimme schnürte ihm den Hals zu. Nein, Lust würde er nicht empfangen, nicht Zärtlichkeit. Höchstens Macht ausüben könnte er, ihr Gewalt antun, sie demütigen. Zurückzahlen die vielen Demütigungen, die Antonia ihm angetan hatte. Das Hochzeitsfoto auf dem Fernseher hatte sie durch ein Bild von Esther ersetzt, als sie noch zusammen wohnten ... Dabei behauptet er, nichts bemerkt zu haben von der Krise, bis zu dem Tag, an dem Antonia sagte, es sei aus. Ja, kleine Unstimmigkeiten, die kommen doch in jeder Beziehung vor. Wellenbewegungen der Partnerschaft und so. Außerdem waren die beiden siebzehn Jahre lang ein Paar gewesen, die längste Beziehung in der Männergruppe.

Man hatte sich was aufgebaut: Ausbildung zum Elektriker, Umschulung zum Sachbearbeiter einer Krankenkasse, dort relativ gut dotierter Abteilungsleiter. Sicher musste er dort Überstunden machen. Doch wer gab das Geld denn aus? Antonia, sie fuhr doch einmal in der Woche in die Stadt zum Bummeln. Der Weg zum Zweigstellenleiter wäre durchaus möglich gewesen, doch die ganze Beziehungskacke hatte ihm den Elan genommen. Jetzt spielte er in einem Laientheater mit, Stücke von Kishon.

Er denkt noch: Eigentlich schade, dass ich jetzt nicht weiß, wie Hartmuts Witz ausgeht! – Er wird ihn bei Gelegenheit fragen. Spätestens nächsten Montag.

Mach langsam

Er hätte ihr eben nicht schreiben sollen. Er wusste doch, dass sie immer zurückrief, wenn er geschrieben hatte. Das war jedes Jahr so: Am Abend ihres Geburtstages rief Tante Gertrudis an und bedankte sich für die schöne Karte. Und dann erzählte sie, bis ihm das linke Ohr glühte: vom Krieg, von der Kindheit in der Eifel, vom Einbruch in der Nachbarschaft. Und vom Tod ihres Mannes.

„Der Willy hat immer gesagt: Gertrud, mach langsam!" Er konnte sie seufzen hören und erinnerte sich an Willys Beerdigung, wo er fast als einziger „So nimm denn meine Hände" gesungen hatte. „Weißt du, es war in Steinfeld, es muss im Sommer gewesen sein, es gab nämlich Pflaumenkuchen ..."

So beginnt eine ihrer Lieblingsgeschichten. Sie muss mehr als fünfundsiebzig Jahre her sein. Dann erzählt sie, ein Hund habe gebellt und welches Lied die Mädchen damals sangen, und dann singt sie dieses Lied mit der rührend gebrochenen Stimme einer mittlerweile dreiundachtzigjährigen Frau.

Und ihre Beine sind ja jetzt wieder so dick bei dem Wetter, voller Wasser.

Beim Plätzchenbacken ist sie an die offene Ofenklappe gestoßen, und an Willys Grab wäre sie beinahe gestürzt.

„Da hab ich dran gedacht, was der Willy immer gesagt hat: Gertrud, mach langsam!"

Im zerbombten Köln war es schon schlimm nach dem Krieg. „Bis wir im Kloster von Tante Josefine waren, da waren wir fast zwei Stunden unterwegs. Ich hatte ja damals schon so schwere Beine. – Was macht denn deine

Familie? Alles in Ordnung? Schön. – Weißt du, wie Onkel Karl das Haus baute, '64 – oder war es erst '65 –, da sagte Willy ..."

Seine Mutter sei als Kind ein süßes Biest gewesen: Da hat sie doch glatt vom Pfefferminzlikör genascht und ihn anschließend mit Wasser aufgefüllt!

Er lacht, wie jedes Jahr. Seine Sprechanteile sind kurz, die Tante hat das Wort. Bloß keine Nachfragen oder Mitleidsbekundungen – sie würden neue Quellen öffnen, die unentwegt sprudelten. Sein Essen dürfte zwischenzeitlich kalt geworden sein, der Spielfilm ist verpasst, seine Blase drückt seit einiger Zeit. Warum nur schreibt er auch jedes Jahr? Vielleicht, weil die Tante sagt, was niemand sonst ihm sagen könnte: „Ach, du bist 'ne liebe Jung". Dann grinst er dankbar:

„Und denk dran, Tante: Mach langsam!"

Finger im Teig

„Michael, hast du endlich angerufen?" Elisabeths Gesicht ist ein einziger Vorwurf.

Ich führe zu meiner Verteidigung an, ich hätte meiner Mutter bestimmt viermal auf den Anrufbeantworter gesprochen und um Rückruf gebeten.

„Was kann ich dafür, wenn sie sich nicht meldet?"

„Ich schätze, sie kann das Gerät nicht bedienen", befindet meine Frau knapp, und mahnt dann: „Probier es noch einmal. Ihr Geburtstag ist schon nächste Woche. Frag sie, was sie haben will."

„Haben will", äffe ich ihre Stimme missbilligend nach. „Du meinst, was sie sich wünscht."

An ihrem vernichtenden Blick kann ich ablesen, dass Elisabeth nicht geneigt ist, auf solcherlei Feinheiten Rücksicht zu nehmen.

Kurzum, ich greife zum Telefon, halte den Hörer ans Ohr, wähle und lausche dem Piepen. Nach dem vierten Ton springt in der Regel das Band an. Mir tut es schon leid ums Geld für diesen unnützen Anruf, doch da kommt die Verbindung zustande.

Ohne sich zu melden sagt Mutter nur: „Moment, ich hab' die Finger im Teig." Dann vernimmt man ein polterndes Geräusch, was vom unsanften Ablegen ihres Hörers herrühren muss.

Ich halte – unnötigerweise – meine rechte Hand auf die Muschel: „Sie ist dran", gebe ich mit leuchtenden Augen an Elisabeth weiter, die sich daraufhin zufrieden aus der Küche entfernt.

Mutter hat anscheinend eine ganze Weile mit ihrem Teig

zu schaffen. Mein linkes Ohr beginnt warm zu werden. Gelangweilt drehe ich an einem Hemdknopf, bis ich ihn in Händen halte. Ich erwäge, aufzulegen und es später noch einmal zu versuchen, doch so nahe dran wie jetzt war ich lange schon nicht mehr.

Plötzlich Mutters dröhnende Stimme: „Hallo! Antonia Trakwisch!"

„Mütterchen", kann ich voller Freude über dieses Ereignis, die eigene Mutter am Telefon zu haben, nur noch säuseln. „Hier ist der …"

Und bevor ich meinen Namen nennen kann, gibt sie ihrer Freude Ausdruck: „Ja, Horst, wie schön. Von dir habe ich aber auch lange nichts mehr gehört!"

„Nicht Horst, Mutter, hier spricht Michael."

„Das gibt's doch nicht. Ich hätte jetzt schwören können, du bist der Horst."

„Macht ja nichts", sage ich milde und bin doch enttäuscht, dass Mutter ihre drei Söhne nicht auseinanderhalten kann. Ob sie Horst eigentlich lieber mag als mich? Ach, ich will nicht kleinlich sein, und erkundige mich danach, was sie gerade backt.

„Für das Gemeindefest muss ich Rosinenbrötchen backen. Und auf einmal klebt der Teig. Der klebt sonst nie. Du kennst doch meinen Hefeteig. Also, ich hätte schwören können, du bist der Horst."

„Ich kenne deinen berühmten Hefeteig. Immer locker, immer lecker. Ich bin Michael."

„Nichts mehr wollte ich für die machen. Nichts mehr. All die Jahre habe ich so viel für die getan. Aber Edeltrauds Tochter war so schlecht dran, dass die jetzt das Kind holen mussten."

Ich kann Mutter nicht folgen.

„Du kennst doch Edeltraud?"

Spontan kommt mir kein Bild, keine Erfahrung mit dieser Person in den Sinn. Ich gehe aber davon aus, dass es sich bei Edeltraud um eine Dame aus dem weitverzweigten Bekanntenkreis meiner Mutter handelt. Also bejahe ich vage.

„Und deren Tochter, die – na, wie heißt die jetzt. Ist ja auch egal, die ist schwanger. Habe ich das noch nicht erzählt? So, und da gab es dann Komplikationen. Blut verloren und so. Also wurde das Kind vor der Zeit geholt."

Ich bedaure, aber einen Zusammenhang zum Hefeteig kann ich noch nicht herstellen.

„Edeltraud musste nach Bielefeld fahren", erklärt Mutter ungehalten, als hätte ich das doch wohl aus ihren Ausführungen schließen können. „Und weil sie jetzt in Gütersloh ..."

„Ich denke, Bielefeld", werfe ich ein.

„Sag ich ja: in Gütersloh ist, kann sie keinen Kuchen fürs Gemeindefest backen."

„Ach so, und jetzt springst du für Edeltraud ein."

„Ich meine, Gudrun heißt sie", höre ich Mutter raten. „Oder Miriam. Irgendetwas Nordisches."

„Miriam ist aber nicht nordisch." – Hätte ich mir das doch verkniffen!

„Das ist doch selbstverständlich, dass Edeltraud dann nach Bielefeld fährt."

Ich will mich versichern, ob ich alles kapiert habe: „Und mit ‚die' meinst du die Kirche?"

Jetzt versteht Mutter nicht, was ich meine.

„Die, für die du eigentlich nichts mehr machen wolltest."

„Ach, komm, die paar Rosinenbrötchen waren doch schnell gemacht. Die sind schon im Ofen. Übrigens, wo ich dich gerade mal an der Strippe habe: Was willst du haben?"

Ich bin erstaunt: „Aus welchem Anlass?"

„Zu Weihnachten."

„Aber Mutter, es ist August!"

„Na und, es kommt immer so plötzlich. Und nächste Woche fahre ich in die Stadt."

Mir fällt auf die Schnelle nichts Vernünftiges ein; ich verspreche aber, mich in dieser Angelegenheit noch einmal zu melden. Schon, damit ich mich nicht – wie im vergangen Jahr – am Heiligabend für einen Bügelfön bedanken muss.

„Ja, Horst, das fand ich jetzt aber nett, dass du dich mal wieder gemeldet hast", zeigt Mutter an, dass sie das Gespräch langsam beenden möchte.

„Hier spricht Michael. Und ich habe mehrmals bei dir angerufen. Aber du hast nie reagiert."

„Die Katze war krank. Du, nicht dass mir die Brötchen schwarz werden. Außerdem wüsste ich doch, wenn du angerufen hättest."

Sagt mal, wird Mutter senil? – „Ich habe dir doch auf deinen Anrufbeantworter gesprochen."

„Dieses unnütze Gerät. Verbraucht nur Gebühren."

Gütiger Himmel, wie kommt sie denn jetzt darauf?

„Die Zahl der Einheiten blinkt die ganze Zeit. Schon siebenundzwanzig. Und noch kein Mensch hat das Ding benutzt."

Ich schließe die Augen.

„Mutter", ringe ich um einen Satzanfang. Doch Mutter schneidet mir das Wort ab.

„Es hat an der Tür geläutet, ich muss Schluss machen. Tschüss, Andreas. Nicht, dass mir die Brötchen zu hart werden. Bis bald." Aufgelegt.

Ich seufze, zwischen Lachen und Heulen.

„Und?" Elisabeth steckt den Kopf zur Tür herein. „Was wünscht sich deine Frau Mama?"

Exklusiv!

Was wollen Sie? Ein Interview machen? (Demonstrativer Seufzer.) Eigentlich habe ich überhaupt keine Zeit. Also gut. Haben Sie was zum Schreiben? Ich diktiere. – Was denn? Welche Fragen soll ich erst einmal hören? – Na, was glauben denn Sie? Dass ich meine Zeit mit Ihnen verplappere? Entweder notieren Sie meine Antworten oder ich lege sofort auf. – Na also. Es muss vorkommen: Marzipan, Kapitän Haddock, Spülmaschine, Tom Waits, (äh), ;Gäbe es keine Männer, so würden sich die Frauen gegenseitig umbringen', Sybille, Großmutter mütterlicherseits, die Korrekturtaste, (äh, äh), Doppelpunkt, Natur, besser: natürlich, der Prediger Salomonis. So, Schluss jetzt. Und Tschüss. (Abermals Seufzer.)

Das Interview! Monsieur, was ist Ihre erste greifbare Erinnerung?
> Marzipan.
Oh, interessant. Und hat das Ihre literarische Arbeit geformt? Oder wodurch ist Ihr individueller Schreibstil beeinflusst worden?
> Durch die Erfindung der Korrekturtaste.
Aber wie sieht es aus mit Vorbildern?
> Meine Großmutter mütterlicherseits: Sybille.
Eine Frau also! Dabei sagt man, sonst sei Ihr Verhältnis zu Frauen nicht ungetrübt ...
> Gäbe es keine Männer, so würden sich die Frauen gegenseitig umbringen.
Das ist aber ein hartes Urteil. Spricht daraus die Erfahrung Ihrer langjährigen Ehe? Es heißt, diese Beziehung kriselte

oft. Was hat sie schließlich zusammengehalten?

> Eine Spülmaschine.

Und die Männerfreundschaften? Wem vertrauen Sie?

> Kapitän Haddock, Tom Waits und dem Prediger Salomonis.

Themenwechsel: Was würden Sie aus Ihrem brennenden Haus retten?

> Den Doppelpunkt natürlich.

Nun wissen wir, was Ihnen heilig ist. Letzte Frage: Was soll einmal auf Ihrem Grabstein stehen?

> Schluss jetzt.

Monsieur, vielen Dank für dieses Gespräch.

Grundsätze muss man haben

Ich bin kein Prinzipienreiter. Und wenn man mich einen Spießer nennte, so würde ich mich tief verletzt fühlen. Dennoch habe ich meine Grundsätze. Wenige zwar, aber dafür eherne.

Einer beispielsweise ist mein Telefongesetz; ungeschrieben, doch altbewährt: Klingelt das Telefon, so unterbreche ich flugs jede Tätigkeit. Gesprächspartner beim Kaffeeplausch bitte ich um Entschuldigung und eile zum Apparat. Das Essen lasse ich kalt werden, aus dem Bett springe ich gar heraus, nur um den Hörer abnehmen zu können. Selbst von den spannendsten Augenblicken eines Krimis kann ich mich losreißen, wenn es läutet. Aus lieblichen Umarmungen löse ich mich: Man weiß ja schließlich nie, wer dran ist! Und meine Neugier ist mächtig!

Nun aber mein Gesetz: Wobei ich mich nie stören lasse, und stürzte die Welt auch ein, das ist das Baden! Sind meine Schultern erst einmal in das wohligwarme Nass eingetaucht, so gibt es nichts und niemanden mehr, das oder der mich der Wanne entreißen könnte – auch kein klingelndes Telefon.

Nun begab es sich aber einmal, dass dieses sich monoton wiederholende Läuten so gar kein Ende nehmen wollte. Normalerweise pflege ich ja in der Badewanne gar nichts zu hören. Ich bin quasi taub für alles, was hinter dem Beckenrand geschieht; ich lausche nur dem Plätschern meiner selbst produzierten Wellen. Aber meine Frau war an jenem Nachmittag außer Haus und mein Sohn zum Fußballspielen. Somit herrschte ungewöhnliche Ruhe. Eben jener Frieden wurde von einem durchdringenden, anhaltenden Läuten vernichtet. Dessen Existenz war auch bei viel gutem Willen nicht mehr zu leugnen. Was tun?

Ich tauchte unter. Als der Sauerstoffmangel mich zum Auftauchen zwang, war es immer noch da, dieses quälende Läuten. Ich besann mich meines ehernen Grundsatzes: Die Badewanne wird nicht verlassen, auch nicht wegen eines klingelnden Telefons. Niemals!

Nach nur kurzen Unterbrechungen von wenigen Sekunden meldete es sich hartnäckig immer wieder zurück, dieses Läuten. Ich begann mir Sorgen zu machen. Vielleicht war meiner Frau oder unserem Sohn etwas zugestoßen, und die Polizei rief an? Oder ich hatte einen Preis gewonnen und ein Freund wollte mir die gute Nachricht übermitteln? Wer um alles in der Welt würde eine solche Ausdauer aufbringen, nur um mit mir sprechen zu können? Die Schreckensbilder vom Krankenhaus beziehungsweise die Vision vom Geldregen verdichteten sich zu einer unangenehmen Spannung, die mich zu zerreißen drohte.

Mit einem Satz war ich aus der Badewanne. Meine Blöße bedeckte ich in aller Eile mit dem Bademantel des zwölfjährigen Sohnes. Barfuß stürzte ich die Treppe hinab, dem klingelnden Telefon entgegen. Meine Hand ergriff den Hörer, führte ihn hektisch zum Ohr – welches nur noch ein knackendes Geräusch vernahm: Aufgelegt.

Die Flüche, die meinem Munde entglitten, waren kraftund – wie ich im Nachhinein finde – auch phantasievoll. Frierend und verärgert trat ich den Rückzug an, tropfend die Treppe hinauf. Man stelle sich vor, wie unangenehm sich ein viel zu enger Kinderbademantel auf nasser Haut anfühlt. Ich entledigte mich seiner alsbald und ließ meinen Körper wieder in mein geliebtes Badewasser gleiten. Wie herrlich mich die Wärme durchströmte! Und der wonnigsüße Duft der Brausetabletten, einfach himmlisch. Als ich so mit der Welt wieder versöhnt war, wurde meine Betrachtung dieser sinnlichen Freuden jäh unterbrochen: das Telefon läutete!

Ich ließ es klingeln. Ich bin doch kein Narr. Ich nicht! Einmal hatte ich meinen Grundsatz gebrochen: um einen hohen Preis und obendrein ohne Erfolg. Ich schloss die Augen. Doch vor meinem geistigen Auge sah ich die verschiedensten Szenarien möglicher wichtiger Anrufer, förmlich lebenswichtiger Anrufer. Abermals übersprang ich den schützenden Rand meiner Wanne, verzichtete diesmal auf den Morgenmantel, nahm auf der Treppe nur jede zweite Stufe, wäre deswegen fast gestürzt, ergriff schließlich den Hörer und – hörte tatsächlich eine Stimme, die auf mein gekeuchtes „Ja!" hin fragte: „Wo bleibst du denn so lange, Liebling?"

Da ich mich nicht erinnerte, der Liebling des zu der Männerstimme gehörenden Herrn am anderen Ende der Leitung zu sein, zögerte ich mit einer Antwort.

„Bist du es, Liebling?" wurde ich gefragt.

„Das kommt drauf an", war meine ausweichende Antwort. „Hier ist zwei-zwei-sieben-vier-acht."

Schweigen.

„Was machst du Schurke da!?" Die Stimme klang erbost.

„Ich gehöre hier hin", gab ich ruhig zur Antwort.

Schweigen.

Vielleicht klang ich überzeugend, denn der Herr am anderen Ende fragte eher vorsichtig: „Ist da zwei-zwei-sieben-vier-acht?"

„Sehr wohl." Der Hörer wollte fast meiner nassen Hand entgleiten.

„Ist da wirklich zwei-zwei-sieben-vier-acht? Ich meine null-zwei-eins-eins und dann zwei-zwei-sieben-vier-acht?"

Wasserbäche rannen meinen Bauch herunter. „Tut mir leid: Hier ist zwar die von Ihnen genannte Nummer, allerdings unter einer anderen Vorwahl: null-zwei-zwei-eins. Hören Sie: zweimal die Zwei und nicht zweimal die Eins!"

Schweigen.

„Das tut mir dann natürlich leid. Ich wollte nur schnell zu Hause Bescheid geben, dass ich heute Abend später komme ..."

„Und dafür starten Sie zwei Dutzend Versuche mit einer falschen Nummer?" unterbrach ich den Herrn etwas ungehalten.

„Muss ich wohl falsch eingegeben haben. Und dann habe ich natürlich immer nur die Wahlwiederholungstaste gedrückt. Nichts für ungut. Kann ja mal passieren." Aufgelegt.

Natürlich kann so etwas passieren. Nur: Warum passiert das mir?

Ich legte den Hörer auf. Die Freude am Baden war mir vergangen. Wieder ein Knacken. Diesmal kam es von der Haustür. Ehe ich irgendetwas tun konnte, stand meine Frau im Flur, wo sich unser Telefonanschluss befindet. Sie hatte zwei Nachbarinnen mitgebracht, denen sie mal schnell ihre selbstgezogene Kräuterkolonie vorführen wollte.

Mein Adamskostüm zu erklären, war wohl zwecklos. Die Fassung bewahrend, ging ich in aufrechter Haltung freundlich grüßend an den Damen vorbei, und bemerkte nur, die Kräuteranlage meiner Gemahlin sei wirklich ausgezeichnet und sehenswert. Sie schwiegen verdutzt.

Was mich betrifft, so stand ich vor dem schwerwiegenden Problem, Baden und Telefonieren zu harmonisieren. Ein Zweitanschluss im Bad? Zuviel Aufwand. Ich habe mich für das Einfachste entschieden: Ich bade nicht mehr.

Idee

Der junge Rabbiner Benjamin aus England lernt auf einer Tour nach Rom die Klosterschwester Perpetua kennen. Die schöne Nonne ist mit einer Tüte Orangen auf der Piazza Navona gestürzt, und Benjamin hilft ihr beim Aufsammeln. Es funkt gewaltig, und die beiden erleben eine wunderbare Zeit miteinander, kurz, aber heftig.

Irgendwie bekommt der Orden von der Sache Wind und benachrichtigt die Synagogengemeinde in London. Dort ist man ebenso empört – der Rabbi mit einer Schickse! Und was für einer! Die Liebenden werden getrennt.

Perpetua, die sich in Schuldgefühlen windet, wird in ein beschauliches Kloster in Polen versetzt. Benjamin protestiert, auch gegenüber seinen Glaubensbrüdern. Er setzt sich enttäuscht nach Syrien ab, tritt zum Islam über und heiratet zwei Frauen, die verschleiert einhergehen.

Perpetua nimmt nach Jahren des Ringens den Schleier ab. Sie hat den Glauben verloren, und schließt sich in Moskau einer revolutionär-marxistischen Splittergruppe an.

Jahre später treffen sich die beiden – wie es der Zufall so will – in Washington bei einer Demonstration gegen die Politik des amerikanischen Präsidenten wieder. Die Liebe entflammt erneut. Eine Zeit lang züchten beide Schafe in Portugal, engagieren sich später bei einem Alphabetisierungsprogramm in Burkina Faso und verbringen schließlich ihren Lebensabend in einem argentinischen Quäkerheim.

Ich denke, ich sollte den Roman zu dieser Idee einmal schreiben. Morgen vielleicht.

Ich talke, also bin ich

Alfred Schmotter wollte ins Fernsehen.

Seinem Tennispartner Hendrik Kasel war es doch auch gelungen! Der wurde in den nachmittäglichen Plappersendungen von den Privatsendern herumgereicht – als Fachmann für die Probleme alleinerziehender Väter. Etwa alle sechs Wochen gab es einen Auftritt. Die Stunde auf Sendung war der Höhepunkt – aber das Rahmenprogramm konnte sich auch sehen lassen: Anreise per 1. Klasse, Abendessen und Übernachtung im Drei-Sterne-Hotel, plus Honorar.

„Alles, was du brauchst, ist ein Thema", erklärte Hendrik. „Irgendetwas Außergewöhnliches."

Alfred Schmotter fiel aber nicht ein, was an ihm außergewöhnlich sein sollte.

„Was liebst du denn mit Enthusiasmus?", versuchte Hendrik ihm auf die Sprünge zu helfen.

Alfred Schmotter aber liebte eigentlich nichts enthusiastisch. Ein wenig Fußball, ab und zu eine gute Flasche Wein. Hendrik lehnte all das als zu banal ab.

„Was hasst du denn, was bekämpfst du mit all deiner Kraft?" bohrte er.

Alfred Schmotter war unterm Strich ein friedlicher Mensch. Extreme Gefühle wie Hass waren ihm fremd.

Hendrik seufzte. „Alfred, du musst schon was Besonderes bieten.", sagte er besorgt. „Ich kenne aus den Sendungen zum Beispiel Leute, die stehen total auf Sex mit Hunden."

Alfred verzog angeekelt das Gesicht.

„Und eine Frau, die nimmt telepathische Kontakte mit ihrer verstorbenen Mutter auf, durchs Radio."

Alfred verdrehte die Augen.

„Einer zog mal durch die Studios und bekannte sich dazu, dass es ihm Spaß machte, Katzen zu vergiften. Eine Frau aus Kiel sammelt Socken von Prominenten. Getragene. Ein alter Mann aus einem Dorf bei Gießen ...“

Alfred gähnte gelangweilt.

„Schlag dir das Fernsehen aus dem Kopf“, rief Hendrik verärgert. „So ein Otto-Normalverbraucher-Typ wie du ist eben total uninteressant. Du wirst nie in eine Talkshow eingeladen werden!“

Beide schwiegen einen Augenblick.

„Eigentlich finde ich diese Talkshows beschissen“, gab Alfred kleinlaut zu.

Hendrik kniff die Augen zu. Dann sagte er: „Ich glaube, ich habe da eine Idee.“

Und es dauerte keinen Monat, da sah man auf den Bildschirmen ein neues, unverbrauchtes Gesicht. Die Talkmaster stellten dem Publikum einen durchschnittlich aussehenden Herrn, der anfangs noch nervös zwinkerte, mit etwa folgenden Worten vor: „Heute Nachmittag bei uns zu Gast: Alfred Schmotter aus Hangelar. – Herr Schmotter, Sie bekennen sich offen zu einer ganz ungewöhnlichen Abneigung.“ – Aufmunterndes Nicken – das war sein Stichwort.

„Ja“, sprach Alfred gekonnt, „ich finde Talkshows beschissen.“

– Neun Auftritte hat er schon gehabt. Ein Traum ist in Erfüllung gegangen.

Ehejubiläum

Sie hatten längst getrennte Konten, getrennte Schlafzimmer und fuhren getrennt in die Ferien. Sie überlegten, was sie anlässlich ihres zehnten Hochzeitstages machen sollten.

„Wir können ja nach meinem Urlaub essen gehen", schlug die Frau vor.

„Dann ist der eigentliche Termin doch sechs Tage vorbei", wehrte der Mann ab, der längst keinen Ring mehr am Finger trug. Sie hatte den ihren schon vor Jahren in einer Athener Taverne verloren.

„Ich ruf' dich an", sagte die Frau. Aber der Mann bemühte sich dann, an jenem Tag unerreichbar zu sein: Er ging nach der Arbeit Schuhe kaufen, zum Italiener, ins Kino, ziemlich früh ins Bett. Den Anrufbeantworter hatte er ausgeschaltet. Er fluchte, weil er nicht heulen mochte.

Später würden die beiden zur Silberhochzeit nach Venedig fahren und sich Hand in Hand über das Vergangene zusammenlächeln. Vielleicht ...

Haben oder Soll

Missmutig schob Eugen seine Karte in den Apparat und konzentrierte sich auf die Geheimzahl. Vor dem Geldabheben wollte er den Kontostand kontrollieren. Ob sein schlampiger Chef endlich das Gehalt überwiesen hatte? Der konnte sich wohl kaum vorstellen, dass man auf tausend Piepen warten konnte wie andere auf den Messias. Mit einem Knatterton in hoher Frequenz spuckte das Gerät endlich einen Papierstreifen aus. Eugens erster Blick galt immer dem Wort hinter der Zahl: Soll oder Haben, das war hier die Frage. Doch heute überraschte ihn zunächst die lange Zahlenkolonne: Euro 412.870,00 stand da. Unwillkürlich stieß er Luft durch die Nase aus. Die Augen zuckten vom Adressfeld – da stand sein Name – zurück zum Betrag: Euro 412.870,00. Für einen Moment stand er mit offenem Mund da, war schon im Begriff, in den Schalterraum zu gehen, um das Missverständnis aufklären zu lassen, doch dann wandte er seinen Schritt zum Ausgang.

Eine solche Summe, schoss es Eugen durch den Schädel, das wäre ein kleines Reihenhaus plus Neuwagen, und ein Urlaub wäre auch noch drin. Allein, er hatte nicht mit seinem Gewissen gerechnet; das ihm nun heftigste Vorhaltungen machte, einen so verwerflichen Gedanken auch nur in Erwägung gezogen zu haben. Das musste eine Fehlbuchung sein, leider. Oder aber, ein edler anonymer Spender wollte Eugens Dasein versüßen. Könnte doch sein? Einem Autisten gleich trottete Eugen durch die quirlige Einkaufsstraße. In seinem Inneren zogen auf einem Förderband die herrlichsten Dinge an ihm vorüber.

Zwischen seiner Nase und der Plakatwand war kaum noch

Platz für eine Stubenfliege, als sein Gang automatisch stoppte. Er trat einen Schritt zurück und las die Schnellimbisswerbung, die ihm riet: „Tu's doch!" Endlich einmal der angemessene Gebrauch des Apostrophs, dachte er spontan, und eilte flugs zur Bank zurück. Erst einmal abheben, dann würde man schon weitersehen. Beim Ausfüllen des Formulars war Eugen ganz mulmig: 400.000,00 hatte so viele Nullen. Den Rest wollte er stehen lassen, damit es nicht so auffiele.

Der Kassierer grinste: „Na, da ist Ihnen wohl das Komma verrutscht, was?" Eugen versuchte möglichst cool zu wirken, doch er spürte, wie sich dicke Schweißtropfen aus den Achselhöhlen lösten und in rasanter Talfahrt am Handgelenk ankamen. Der Mann hinter der Scheibe tippte an seinen Computer herum und schrieb dann mit Bleistift etwas auf einen Zettel. Er schob Eugen das Papierchen durch den Schacht. „Ihr Kontostand." Euro 412,87 stand da, Soll.

Von seinem letzten Bargeld kaufte sich Eugen ein Stück Buttercremetorte, aß es mit einem Plastiklöffelchen und dachte an Gorbatschows Weisheit: „Wer zu spät kommt ..."

Nach Kairo muss ein anderer

„Neun Uhr Plenarsitzung, gegen neun Uhr vierzig Ihre Rede zum Gesetzentwurf. Elf Uhr dreißig Festakt bei der Mailer-Stiftung, für ein kurzes Grußwort ist ein Sprechzettel vorbereitet. Zwölf Uhr dreißig Mittagessen im Astoria mit Herrn Dr. Kropf vom Escher-Konzern. Vierzehn Uhr Empfang einer Parlamentariergruppe aus Burkina Faso, gegen vierzehn Uhr dreißig Telefontermin mit Ihrem finnischen Kollegen: Es geht um den Europa-Gipfel Ende Juni. Fünfzehn Uhr Arbeitsgruppe zur Vorbereitung des Symposiums in Bern. – Bleibt es dabei? Sie hatten noch nicht entschieden, ob Sie selbst an der Planungsgruppe oder aber in Leipzig an der Messe-Eröffnung teilnehmen. Dann müssten wir den Herrn Staatssekretär schicken."
„Schicken Sie ihn."
„Gut, das passt auch besser, denn von sechzehn bis siebzehn Uhr sind Interviews vorgesehen. Die musste ich gestern schon auf heute vertrösten. Da haben wir die Sächsische Volkszeitung, den Westdeutschen Rundfunk, auch TV Moskau. Spätestens achtzehn Uhr müssten Sie nach München aufbrechen, dort beginnt um neunzehn Uhr dreißig der Parteikongress."
„Muss ich da reden?", unterbrach er sie freundlich.
„Etwa sieben Minuten. Fast das gleiche Papier wie vorgestern in Frankfurt beim Börsenclub. – Gegen einundzwanzig Uhr hatten wir dann der bayerischen Filmförderungsgesellschaft zugesagt, dass Sie bei einem Galaabend vorbeischauen. Keine Rede. Das wird schon knapp: Die Tagesthemen wünschen noch fünf Minuten, die können aber vor der Sendung aufgezeichnet werden. Jetzt müs-

sen wir nur noch abwarten, ob Minister Westhagen nach Kairo fliegt, sonst müssen Sie dort die Bundesregierung bei der Trauerfeier vertreten. Das sollte sich aber bis heute Mittag klären."

Frau Schmidt-Massen nahm die Lesebrille ab und sah den Minister an. Der hatte sich mit seinem Ledersessel in Richtung Fenster gedreht. Draußen schien morgendliche Maisonne. Gregor Pahl blickte noch einen Augenblick nach draußen, wandte sich dann lächelnd der Sekretärin zu und sagte nur: „Ich danke Ihnen."

Nachdem sie gegangen war, stand er auf, tat ein paar Schritte durch das große Zimmer und blieb wieder vor dem Fenster stehen. In dem kleinen Park unten blühten Tulpen und Narzissen, Iris und Pfingstrosen, bunte Tupfer im Grünen. Er ging mit dem Gesicht ganz nah an die Scheibe heran, bis sein Atem auf dem Glas Kondensspuren hinterließ. Er wich wieder zurück, der Hauch löste sich schnell auf, er sah in den Himmel empor, der einen schönen Tag versprach und schlug die Hände vors Gesicht.

Der Minister nahm wieder Platz, drückte die Wechselsprechanlage: „Frau Schmidt-Massen, sagen Sie bitte für heute alle Termine ab."

„Ist Ihnen nicht gut?", fragte sie besorgt.

Pahl sagte nicht ausdrücklich ja, machte aber einen zustimmenden Laut.

„Und dann sagen Sie bitte dem Fahrer Bescheid. Ich gehe jetzt nach unten."

„Sofort, Herr Minister."

Pahl dankte noch, denn er pflegte einen höflichen Umgangsstil, nahm das Sakko aus dem Garderobenschrank und verließ den Raum. Davor stand schon Frau Schmidt-Massen und wollte wissen, ob alles in Ordnung sei, ob sie helfen könne, wen sie informieren solle, wo er zu erreichen sei.

„Ich bin heute gar nicht da, verstehen Sie?!", sagte Pahl mit einem schmerzlichen Grinsen und ging. Wer ihm unterwegs begegnete, grüßte ehrfürchtig. Unten stand schon der Fahrer und hielt die hintere Wagentür auf.

„Zu ‚Maria Trösterin'", befahl er freundlich und stieg ein.

„Die kleine Wallfahrtskirche?", vergewisserte sich der Fahrer.

Pahl nickte. Der Ministerwagen und ein begleitendes Fahrzeug des Sicherheitsdienstes wollten gerade losfahren, als Höllriegel, der Staatssekretär, mit wehender Krawatte aus dem Haupteingang gestürmt kam.

Pahl ließ die Scheibe herunter.

„Gregor, was ist los?", keuchte Höllriegel atemlos.

„Du musst heute für mich ran, ja?" Pahl zwinkerte mit dem linken Auge, aber Höllriegel, der sich zum Autofenster herunterbeugte, schüttelte den Kopf.

„Die Rede zum Gesetzentwurf! Das musst du machen! Bist du krank? Was ist los?"

„Ich bin heute gar nicht da, verstehst du?", sagte Pahl und drückte das Knöpfchen, um das Fenster wieder zu heben. Die Limousinen fuhren los. Pahl schaltete sein Handy ab und bat den Fahrer, keine Gespräche anzunehmen.

In Maria Trösterin entzündete Pahl fünf Kerzen vor dem Gnadenbild, setzte sich ein paar Minuten in eine hintere Bank, kniete sich gar eine Zeitlang hin. Anschließend ließ er sich in die Innenstadt fahren. Um nicht zu sehr aufzufallen, setzte er eine Sonnenbrille auf. Die Sicherheitsbeamten bestanden trotz seines verhaltenen Protestes darauf, ihn auf Schritt und Tritt zu begleiten.

Bei einem Juwelier suchte er die schönste und teuerste

goldene Taschenuhr aus. Wenn man auf einen kleinen Knopf an der Seite drückte, sprang der Deckel auf und das Zifferblatt glänzte hervor. Pahl bat um eine Gravur. Eigentlich war das unmittelbar nicht möglich, aber der Juwelier telefonierte einen Mitarbeiter herzu, der nach wenigen Minuten kam. Einerseits war die Uhr diesen Service wert, andererseits hatte der Juwelier den Minister erkannt, sich aber selbstverständlich, wie es die Diskretion seines Berufes verlangte, nichts anmerken lassen.

„Für meinen geliebten Markus, von deinem Vater", sollte auf die Innenseite des Deckels eigentlich graviert werden. Aber dann ließ er „meinen geliebten" doch weg. Die Uhr wurde schön eingepackt, in einen kleinen Karton, der für den Versand geeignet war. Pahl wollte erst noch eine Karte schreiben und dann das Päckchen seinem Sohn Markus schicken. Der lebte bei seiner Mutter, seit der Scheidung von Monika und ihm vor zwölf Jahren. Pahl stand damals am Beginn seiner Karriere als Profi-Politiker, verbrachte jeden Abend in Sitzungen, stellte die Politik über die Familie. Je höher er aufstieg, desto weniger Zeit blieb für Kontakte. Einmal pro Woche telefonierten sie immer noch, Vater und Sohn. Mittlerweile war Markus schon einundzwanzig Jahre alt. Und heute war sein Geburtstag. Das traditionelle gemeinsame Mittagessen musste wegen seiner Terminüberlastung ausfallen, aber er wollte es nachholen, ganz bestimmt. So hatte er Markus beim letzten Telefonat vertröstet. Heute sollte der Junge wenigstens die Uhr bekommen. Die hatte er sich damals gewünscht, zur Erstkommunion. Seinerzeit wollte Pahl sie seinem Sohn nicht kaufen. Und zuletzt hatte er diesen Wunsch längst vergessen. Heute morgen aber war ihm alles wieder eingefallen.

Der Minister spazierte zu einem Schreibwarengeschäft,

nun wieder durch die Sonnenbrille geschützt. Es machte Pahl Spaß, die Karten durchzustöbern. Er wählte eine aus, auf der chagallhafte Wesen durch die Luft wirbelten. „Wir sollten mal wieder Wolken fangen gehen", stand darunter.

In einer Eisdiele bestellte sich Pahl ein Spaghetti-Eis, das er seit Jahren nicht mehr gegessen hatte. Es schmeckte noch wie damals, eigentlich langweilig, aber ein bisschen nach Kindheit. Er formulierte im Geiste hin und her, bis er schließlich „Ich freue mich, dass es dich gibt" auf die Karte schrieb. Zufrieden war er nicht damit, steckte aber die Karte in das Päckchen und verschloss es mit den Klebestreifen, die man ihm beim Juwelier mitgegeben hatte. Er schrieb die Adresse drauf und fragte vor der Eisdiele einen der Sicherheitsmänner, wo die nächste Post sei. Die Beamten wollten dem Minister diese Arbeit abnehmen, aber Pahl bestand darauf, selbst die Briefmarke zu kaufen und mit eigener Spucke draufzukleben.

Pahl ließ sich zur Halle der Künste fahren. Ein paar Mal hatte er an Vernissagen teilnehmen müssen, die hier stattfanden. An diesem Tag nahm er sich Zeit, um die Bilder und Skulpturen zu betrachten. Wieviel Fleiß und Können darin steckte! Und wieviel Genuss ihm das Betrachten dieser Schönheit schenkte! Er erinnerte sich an seine Studentenzeit, wo er eigens für eine Picasso-Ausstellung nach Tübingen gereist war.

Die nächste Station war der Fluss. Pahl wollte ein wenig durch freie Landschaft schlendern, durch ruhige Auen, entfernt vom Trubel der Touristen. Der Fahrer fand eine geeignete Stelle. Ein paar Angler saßen am Ufer, wenige Spaziergänger, meist mit Hunden an der Leine, kamen ihm entgegen. Über das Wasser ging ein leichter Wind.

Er kam zu einem Restaurant, das sich großspurig ‚Panorama-Terassen' nannte, aber an diesem Tag geschlossen hatte. Auf dem nahegelegenen Parkplatz standen nur wenige Autos. Am Rand befand sich ein geöffneter Imbisswagen. Der Geruch von verbrauchtem Öl wehte herüber. Hinterm Tresen stand ein dickbäuchiger Mann im Unterhemd, vor dem Bauch ein kariertes Küchentuch als Schürze.

Pahl wandte sich seinen Begleitern zu, die ihm in gebührendem Abstand gefolgt waren. Ob er sie zu einer Bratwurst einladen dürfe. Erst zierten sich die Herren, aber dann bestellte er drei Bratwürste und Bier. Im Imbisswagen lief das Radio und die Nachrichten brachten gerade die Meldung, dass Staatssekretär Höllriegel in Vertretung des erkrankten Ministers den Gesetzentwurf vor dem Bundestag vorgestellt und gegen Anwürfe aus der Opposition verteidigt habe. Der Minister und die Sicherheitsbeamten hielten beim Essen kurz inne, doch bevor es peinlich wurde prostete Pahl ihnen mit dem Pappbecher zu.

Man rief den Fahrer per Funk auf den Parkplatz, und Pahl bat darum, zum Cinedrom gebracht zu werden. „Ich habe recht verstanden: Cinedrom, das Kino-Zentrum?", hakte der Fahrer vorsichtig nach. Pahl bestätigte. „Erlauben der Herr Minister die Anmerkung, dass einige Anrufe eingegangen sind." Man solle ihm zu Hause aufs Band sprechen, befand Pahl.

Im Cinedrom gab es ein Dutzend Vorführräume, von ein paar Hundert Zuschauern fassenden Sälen bis zu wohnzimmerähnlichen Stübchen. Jetzt am Nachmittag liefen vier verschiedene Kinderfilme, und für Erwachsene ein Liebesfilm, ein Thriller, eine Komödie. Dann gab es noch das Programmkino für Liebhaber alter Streifen. Dort sollte heute „Harold and Maude" laufen. Pahl hatte es irgendwo aufgeschnappt, in der Zeitung vielleicht. Er liebte diesen Film.

Pahl erkundigte sich am Info-Schalter, aber man meinte, der Film falle wohl aus. Nur er sei da und eine Frau. Pahl überredete die Betreiber, indem er zehn Eintrittskarten erstand. Dann nahm er mit einer Riesentüte Popcorn auf einer Knutschbank Platz.

Auf dem Heimweg ließ er an einer Konditorei halten, wählte viel mehr aus, als er schaffen konnte – Mohnstrudel, Käse-Sahne, Mandelhörnchen mit Marzipanfüllung, Sachertorte – und kam gegen sechs Uhr an diesem Abend ungewöhnlich früh nach Hause. Die Haushälterin sollte noch Kaffee kochen und bekam dann frei, nachdrücklich aufgefordert, auch wirklich bald zu gehen.

Erst jetzt zog Pahl seine Anzugjacke, den Schlips und die unbequemen Schuhe aus. Mit Appetit aß er den Kuchen. Erst danach hörte er den Anrufbeantworter ab und sah die Mails durch. Frau Schmidt-Massen hatte sich allein vier Mal gemeldet, mehrmals Höllriegel, auch das Kanzleramt. Sogar Monika hatte angerufen: Sie hätte aus den Nachrichten von seiner Erkrankung gehört und wollte sich erkundigen, ob es etwas Ernstes sei. Pahl löschte die Anrufe und Mails und ließ sich im Badezimmer Wasser in die Wanne ein.

Er versuchte sich im warmen Bad zu entspannen, es gelang nicht recht, dann wusch er sich gründlich mit Seife, rasierte sich erneut (was er am Morgen schon einmal gemacht hatte) und zog sich wieder an, jedoch nicht den Anzug, sondern legere Freizeitkleidung: Eine weite Flanellhose und einen weichen Baumwollpulli.

Im Wohnzimmer suchte er im Schrank eine Schallplatte. Seit der Erfindung der CD wurden die Platten praktisch nie mehr aufgelegt. Aber jetzt wollte er Bachs Bauernkantate hören, eine bestimmte Aufnahme, die er eben nur als Platte besaß. Der Staub auf ihr verursachte beim Hören ungewohntes Knirschen und Knacken. Aus dem Regal nahm sich Pahl ein Fotoalbum, setzte sich aufs Sofa und blätterte in seiner Vergangenheit. War das er? War das sein Leben, das er da dokumentiert sah? Ein junger Mann, der einen Kinderwagen schiebt, neben sich eine hübsche Frau, die ihm von hinten Hasenohren zeigt. Das musste zwanzig Jahre her sein. Aber wo war die Aufnahme gemacht worden? Pahl erinnerte sich nicht, aber ihm fiel ein, dass er in jenem Jahr Vorsitzender der Kreistagsfraktion geworden war, was seinen politischen Aufstieg einleitete. Er klappte das Album zu.

Ob er sich die Nachrichten ansehen sollte, überlegte Pahl kurz, ließ es aber sein. Er goss sich ein Glas Sherry ein, nippte jedoch nur dran und stellte es auf den Couchtisch. Er ging zum Fenster, betrachtete seinen Garten und war überrascht, dass die Blumen am Ministerium prächtiger waren als hier. Wieder drückte er fast das Gesicht an die kalte Scheibe. Dann wurde er des Sicherheitsbeamten gewahr, der sich an der Mauer am Ende des Gartens bewegte.

„Also gut", sagte Gregor Pahl in normaler Lautstärke zu sich selbst. Er stieg gemächlich, aber nicht übertrieben langsam die Stufen hinauf, nahm im Schlafzimmer aus der Schublade des Nachtkonsölchens die Pistole heraus, steckte sie sich in den Mund und drückte ab.

Beim Termin in Kairo wurde der Minister von Staatssekretär Höllriegel vertreten.

Liebesgeflüster

Komm, Schätzchen, komm zu mir. Ja, komm zu mir. So ist es recht, schön nah. Na, was machst du? Nun komm doch.

Ach, wenn ich dich nicht hätte, was wäre es trostlos auf dieser Welt. Du gibst meinem Leben erst Sinn, wirklich! Komm, Liebchen, komm nah zu mir, ganz nah. Ich will deine Wärme spüren.

Was habe ich eigentlich gemacht, als es dich noch nicht für mich gab? Ich kann mir das nicht mehr vorstellen. Aber jetzt komm doch, komm zu mir.

Komm, Schnucki.

Komm doch.

Komm jetzt.

Komm.

Komm!

Komm endlich!

Verdammtes Mistvieh!

Platz, aber dalli! Elende Töle, mach voran!

So ist es recht. Warum nicht gleich so? Musst schön auf Frauchen hören, ja?

Ach, Schätzchen, du bist mir eine Freude. Komm, schön nah. Wenn ich dich nicht hätte ...

Angelinos Auftrag

Wie jeden Tag, musizierten und jubilierten die himmlischen Heerscharen im Thronsaal des Allmächtigen. Da gebot der Erzengel Michael ihnen mit der Hand, zu verstummen. Als der letzte Ton verklungen war, verneigte er sich in Richtung Gott.

Gott erhob sich, breitete die Hände aus, lächelte die Engel seines Hofstaates an und sprach: „Meine Lieben! Ihr habt es längst mitbekommen, die Menschen machen mir schwere Sorgen. Auf die Propheten hören sie kaum noch; alles läuft aus dem Ruder. Es scheint nur mehr ein Weg zu bleiben, um wieder Ordnung zu schaffen."

Alle Engel blickten ihren Herrn erwartungsvoll an. Gott hielt einen Moment inne und faltete die Hände. Dann fuhr er fort: „Also habe ich mich entschlossen, meinen eigenen Sohn zur Erde zu schicken. Er wird ein Mensch unter Menschen werden. Wie alle anderen Menschen, soll er im Leib einer jungen Frau reifen. Zur Welt bringen möge ihn Maria aus Nazareth."

Ein freudiges Raunen war im Thronsaal zu vernehmen, und manche Engel spielten aufgeregt eine Art Tusch auf ihren Lauten, Flöten, Posaunen und Glockenspielen.

Gott nickte väterlich. „Ja", sagte er und fasste sich ans Kinn, „das ist ein bedeutender Schritt. Doch ich habe dem Menschen Freiheit geschenkt. Das heißt, Maria muss erst damit einverstanden sein. Einer von euch wird ihr die Botschaft bringen, und sie fragen, ob sie dazu bereit ist."

Nun war es mucksmäuschenstill. Wer würde diese ehrenvolle Aufgabe übertragen bekommen? Gott zeigte auf den Erzengel Gabriel. Dieser verbeugte sich tief, Gott segnete ihn, und er schwebte davon. Die Orgel brauste los, und alle Engel stimmten wieder in den himmlischen Lobgesang ein.

Seither malte sich der kleine Engel Angelino jeden Abend vor dem Einschlafen einen ebenso großartigen Auftrag aus, wie ihn Gabriel auszuführen hatte. Aber bis Angelino als kleiner Schutzengel überhaupt einmal zur Erde hinab dürfte, würde es wohl noch ganz schön lange dauern.

Sein Chef, der Erzengel Michael, pflegte zu sagen, Angelino werde wohl in alle Ewigkeit in der dritten Reihe Halleluja singen; weiter könne er es kaum bringen. – Und das nur, weil sich der Neuling im Himmel dann und wann etwas tollpatschig anstellte: Mal machte der kleine Engel sein blütenweißes Gewand schmutzig, wenn er auf Gewitterwolken ritt; ein anderes Mal riss er sich an der Himmelspforte die Flügel ein, weil er so scharf um die Ecke bog. Seither verlor er immer wieder Federn. Das Morgenlob verpasste Angelino dann und wann, weil er seine Träume im Bettchen nicht loslassen mochte. Und wenn ihn in der Himmelsschule der Erzengel Rafael abfragte, dann wusste er nicht, wie die Hierarchie der Cherubim und Seraphim aufgebaut ist.

Eines Abends, als Angelino schon eine Weile im Bett lag, fiel ihm siedend heiß ein, daß er am nächsten Tag im Unterricht auf der Harfe vorzuspielen hatte. Natürlich hatte er vergessen, zu üben. Er stand noch einmal auf, und schlich sich in den Thronsaal, der um diese Zeit leer war; nur ein paar Leuchter verströmten ein mildes Licht.

Der kleine Engel schnappte sich sein Instrument, da wurde es auf einmal strahlend hell. Erschrocken verbarg er sich hinter einem Palmwedel. War Gott selbst noch einmal hereingekommen? Nein; Angelino beobachtete, wie Gabriel mit wehendem Gewand hereinrauschte. Der Erzengel sah sich in alle Richtungen um, bemerkte den kleinen Engel nicht, und stieg die Stufen zum Thron empor. Angelino stockte der Atem: Gabriel nahm auf dem Thron des Allmächtigen Platz, lehnte sich zurück, schlug die Beine übereinander und rief grinsend: „Ha! Eines Tages werde ich selbst hier sitzen!"

Angelino ließ vor Schreck die Harfe zu Boden fallen. Das Instrument gab ein hässliches Geräusch von sich: „Plung!"

„Wer da!" Gabriel sprang auf, sauste zu dem kleinen Engel und zog ihn am Ohr hinter dem Palmwedel hervor. „Was machst du kleiner Wicht hier?", fragte er barsch.

Angelino zitterte vor Angst; er konnte zuerst gar nichts sagen, die Zunge klebte ihm am Gaumen.

Gabriel hob drohend den Finger. „Wenn du auf die Idee kommen solltest, auch nur ein Wörtchen zu verraten, dann ...!" Er sprach den Satz nicht zu Ende, aber Angelino konnte sich denken, was er damit sagen wollte! „Ich petze doch nicht", flüsterte er bange.

Von Alpträumen geplagt, warf sich der kleine Engel in seinem Bettchen hin und her. Beim Morgenlob am nächsten Tag dirigierte Michael Chor und Orchester. Nachdem die Halleluja-Lieder verklungen waren, setzte er eine ernste Miene auf.

„Einer von euch hat sich versündigt. Und das schwer!" Michael ließ seinen Blick über die Reihen schweifen. „Einer von euch hat es gewagt, sich auf den Thron des Allmächtigen zu setzen!"

Alle sahen nun zu Gott hin, der nachdenklich den Kopf wiegte. Nur Angelino wagte nicht aufzublicken, und versuchte sich ganz klein zu machen.

„Wer es auch immer war, er trete vor und gestehe!", rief Michael. Niemand rührte sich.

„Also gut", sagte der Erzengel, „das macht alles nur noch schlimmer." Er griff in sein Gewand und holte eine Feder hervor. „Dieses Beweisstück hat der Übeltäter auf dem Thron unseres Herrn zurückgelassen. Und wer verliert ständig Federn? Na? Wer?"

Alle drehten sich nach Angelino um. Der kleine Engel war blass geworden. Zornige Blicke trafen ihn. Die anderen schubsten und stießen ihn nach vorn, bis er in der Mitte des Thronsaals stand.

„Was hast du zu sagen?" Michael musterte ihn vorwurfsvoll, die Arme vor der Brust verschränkt.

Angelino schwieg und blickte verlegen zu Boden.

„Warst du es? Ja oder nein?"

Der kleine Engel brachte kein Wort heraus. Er versuchte aus dem Augenwinkel, Gabriel zu entdecken. Der gähnte, als wäre ihm sehr, sehr langweilig.

„Zur Strafe wirst du verstoßen in das Reich der Finsternis. Verlasse das Licht des Himmels! Sofort!" Michael wies mit der Rechten zur Pforte.

Angelino trottete langsam zum Ausgang. In diesem Moment öffnete sich die Tür, und Rafael kam hereingerauscht. Er schwebte direkt zu Gott empor und flüsterte ihm eine Botschaft ins Ohr. Gott strahlte auf einmal und verkündete: „Es ist soweit! Maria liegt in den Wehen! Mein Sohn wird in diesen Augenblicken geboren!"

Ein helles und fröhliches Jauchzen hallte durch den Thronsaal.

Gott breitete die Arme weit aus und sprach: „Einer wird nun den Menschen die schönster aller guten Nachrichten überbringen. Und zwar –"

Der kleine Engel war fast schon an der Tür angekommen, da vernahm er seinen Namen – „Angelino!" – aus dem Munde Gottes. Wie angewurzelt blieb er stehen. Langsam wandte er sich um, dem Allmächtigen zu, überzeugt, er hätte sich verhört.

Gott sprach: „Meint ihr denn wirklich, ich wüßte nicht, wer sich angemaßt hat, auf meinem Platz zu sitzen? Ich weiß alles: Gabriel war es. Er ist der Versuchung erlegen und wollte nach der Macht greifen. Er ist nicht der erste, der so eitel ist. Das kann ich verzeihen. Aber zuzulassen, dass der Kleine hier zu Unrecht beschuldigt wird, das ist schändlich!"

Gabriel riss bestürzt die Augen auf. Michael legte den Kopf schief.

„Gabriel bekommt zur Strafe Hausarrest! Und nun zu dir, Angelino. Du machst eine Menge Fehler. Aber du hast geschwiegen, um Gabriels Schuld auf dich zu nehmen. Du bist unvollkommen, das ist wahr. Aber du meinst es gut. Und deswegen liebe ich dich, wie ich auch die Menschen liebe. Na komm her, Kleiner, lass dich segnen, und dann ab mit dir! Auf Erden ist es schon wieder Abend. Mach dich nun auf, zu den Hirten!"

Angelino strahlte heller als alle Leuchter zusammen. Michael war zu ihm getreten, gab ihm ein paar Tipps und schließlich einen aufmunternden Schubs.

Die Hirten lagerten mit ihren Herden auf den Weidegebieten vor der Stadt. Es war kalt und ungemütlich in dieser Nacht. Sie waren um ein kleines Lagerfeuer versammelt, lauschten den Märchen, die einer erzählen konnte oder sangen ein Lied zum Klang der Flöte.

Als Angelino erschien, erschraken sie sehr und fielen voll Furcht auf die Knie, als bedrohte sie ein Unwetter mit Blitz und Donner.

„Keine Angst!", rief Angelino ihnen schon von weitem zu, „nun habt doch keine Angst! Ich habe euch etwas Wunderbares mitzuteilen, etwas, was euch freuen wird! Euch ist heute der Messias geboren, der Retter, der Heiland, der alles gut machen wird!"

Die Hirten nahmen die Hände herunter, die sie zum Schutz vors Gesicht gehalten hatten, und sahen Angelino misstrauisch an.

„Glaubt mir doch! Ihr werdet ein kleines Kind finden, ein Neugeborenes. Es ist in Windeln gewickelt und liegt in einer Krippe." Angelino lachte den Hirten aufmunternd zu.

Da erlebte er selbst eine Überraschung, denn hinter ihm versammelte sich auf einmal ein ganzes himmlisches Heer, angeführt von Michael, und sang vielstimmig: „Ehre sei Gott in der Höhe und Friede auf Erden bei den Menschen, die er liebt!" Danach kehrten die Engel in den Himmel zurück, und die Hirten zogen nach Bethlehem.

Angelino fiel zwar auch später beim Harfe-Vorspielen immer wieder durch. Doch dafür hatte er die wichtigste Botschaft der Welt überbringen dürfen. Nur der gekränkte Gabriel wusste zu verhindern, dass man den Namen des kleinen Engels in die Heilige Schrift aufnahm.

Gleichnis

Vor Jahren saß ich in Polen im Theater. Ich verstand kein einziges Wort, denn ich beherrsche die polnische Sprache nicht. Es wurde kein bekanntes Stück gegeben, bei dem ich der Handlung auch ohne Sprachkenntnisse hätte folgen können.

Dennoch war es ein eindrückliches Erlebnis für mich. Ich beobachtete die Schauspielerinnen und Schauspieler genau, ihre Gestik, ihre Mimik, die Blicke, den Tonfall, die Lautstärke ihrer Stimme. Wen auch immer sie darstellen mochten, sie schienen ganz eins mit ihrer Rolle zu sein.

Aus der großen Handlung wurde ich bis zuletzt nicht schlau. Aber kleine Situationen berührten mich umso mehr: wie die Frau ihren Tee trank oder aus dem Fenster schaute, wie sich das Paar einen Kuss gab und der Mann am Ende das Zimmer verließ.

Und als sich schließlich der Vorhang vor die Bühne schob, wurde mir klar, dass ich eine Parabel für mein Leben gesehen hatte: Ich verstehe nie das ganze Stück, nur Bruchstücke. Die müssen genügen.

Wie der Postbeamte Anton B. einmal dem Glauben an die Liebe in der Welt einen Dienst erwies

Es geschah an einem Samstagmittag. „Heinrich! Die Hochzeit ist geplatzt!", hatte Sylvia voller Wut auf das Papier geknallt. „Ich will dich nie mehr sehen", stand in dem Brief noch drin und weitere wenig charmante Beschimpfungen an die Adresse des Bräutigams. Sie liebe einen anderen, einen besseren, gestand sie, habe ihren Verlobten ohnehin schon mehrmals betrogen und andere schlimme Sachen, die Menschen, welche den Bund der Ehe zu schließen gedenken, wenig erfreuen dürften.

Sylvia brachte den Brief zornerfüllt zum Schalter des Postamtes 23, weil draußen der Kasten schon geleert worden war. Als sie das Amt verließ, brach sie in Tränen aus, und schon, als sie wieder zu Hause ankam, bereute sie, ihn überhaupt geschrieben zu haben. Denn eigentlich, eigentlich hing sie doch an ihrem Heinrich! Zu spät. Wie gelähmt war sie, unfähig etwas zu unternehmen. Sie harrte der Dinge und war entschlossen, sich dem Weg zu stellen, den das Schicksal ihr wies.

Der Sonntag war eine Qual, am Montag wurde sie krank. Abends klingelte es an der Wohnungstür, Heinrich stand mit einem Strauß roter Rosen vor der Tür. „Aber Heini!", mehr brachte Sylvia mit erstickter Stimme kaum hervor. „Ach, Sylvia", sagte Heinrich nur und drückte die Frau an seine Brust.

Die Hochzeit fand statt, das Paar schenkte drei Kindern das Leben, das Leben nahm seinen Lauf, doch bei der Silberhochzeit war Sylvia schon sehr von ihrer Krankheit gezeichnet. Sie starb ein Jahr darauf, von jedem betrauert, der sie als treusorgende Ehefrau und Mutter kannte, allen voran ihr Gatte Heinrich. Die Beerdigung erfolgte am Freitag auf dem Stoffler Friedhof, wo es ein Familiengrab gab. „Nie kam ein böses Wort über ihre Lippen", dachte sich Heinrich, als er am Abend Fotos aus früheren Zeiten betrachtete.

Es geschah am nächsten Tag, dem Samstag um kurz vor zwölf. Anton B., seit siebenundzwanzig Jahren Postbeamter in Düsseldorf 23, zuverlässig, fleißig, ehrlich und nie krank, tat etwas, was ein zuverlässiger, fleißiger, ehrlicher und nie kranker Postbeamter eigentlich niemals tun dürfte: Er beförderte einen Brief nicht weiter. Obwohl der Brief frankiert war, allerdings nicht ordnungsgemäß: das aufgeklebte Porto lag weit unter den jetzigen Gebühren und war noch in Pfennigen angezeigt. Zudem die Postleitzahl nach dem alten vierstelligen System! Dafür war die Briefmarke ziemlich alt – mehr als ein Vierteljahrhundert, also mit Sammlerwert: das Konterfei Heinrich Bölls zierte sie, anlässlich seines Nobelpreises für Literatur 1972 herausgegeben.

Die Sache war nämlich so. Anton B. wartete auf den Stundenschlag von der nahegelegenen Marienkirche, die pünktlich den Mittag anzeigen und damit das Wochenende eröffnen würde. In der letzten halben Stunde war niemand mehr gekommen; so hatte er mehrmals gelangweilt seinen Kugelschreiber auf- und zugedreht, das Innenleben des Schreibgeräts betrachtet und versucht den Mechanismus zu verstehen, der die Mine hob und senkte. Dann war der kleine metallene Ring, der die Mitte zwischen dem Ober- und Unterteil bildet, nach hinten über den Schreibtisch gerollt, und obwohl er noch danach zu greifen versuchte, am Ende in der Tiefe verschwunden. Anton B. dachte schon, die Sache auf sich beruhen zu lassen, aber dann erwachte das Verantwortungsgefühl des zuverlässigen, fleißigen, ehrlichen und nie kranken Postbeamten. Er stand auf und rückte den schweren Schreibtisch von der Wand weg. Das hatte lange niemand mehr gemacht, denn an manchen Stellen schien das Möbel förmlich an der Wand zu kleben. Anton B. blickte in den schmalen Spalt, fand jedoch nicht den gesuchten Ring – sondern einen Brief.

„Eieiei!", entfuhr es ihm. Ein Brief da, wo er nicht hingehörte! An den erwähnten Indizien – Porto und Postleitzahl – konnte man ersehen, wie lange der Brief dort schon liegen musste. Anton hatte zwar schon oft für eine Renovierung seiner Dienststelle plädiert, aber bei den Vorgesetzten kein Gehör gefunden. Dann hätte man den Brief gewiss eher gefunden. Sowas aber auch! In seinem Amt! Das ihm das nach siebenundzwanzig Jahren passieren musste! Sicher kannte man diese schauerlichen Geschichten von Übeltätern, die Briefe nicht nur nicht ordnungsgemäß beförderten, sondern sogar Kuverts abfingen und öffneten, und den Geldschein stahlen, den die Großmutter ihrem Enkel zum Geburtstag geschickt hatte, oder dergleichen. Aber doch nicht hier, in Düsseldorf 23!

Er würde eine Meldung machen müssen. Man würde dem Empfänger mitteilen müssen, dass die Post untröstlich sei ob dieses Missgeschicks, und ähnliches. Es würde vielleicht in der Zeitung stehen: „Post verschlampt Brief". Eine Schande für jeden zuverlässigen, fleißigen, ehrlichen und nie kranken Postbeamten!

Anton B. war ratlos. Sollte er sich diesen Ärger am Samstag um kurz vor zwölf denn wirklich antun? Die Uhr von St. Marien schlug zwölfmal, Anton B. hielt den vergilbten, angestaubten Brief in der Hand. Adressat war ein Mann, ein gewisser Heinrich K., eine Absenderangabe fehlte, aber an der Handschrift erkannte er, dass ihn eine Frau geschrieben hatte. Das sagte ihm seine langjährige Schalter-Erfahrung.

„So oder so, das Leben ist weitergegangen", sagte sich Anton B., löste die Briefmarke ab (der Sohn seiner Schwester sammelte welche), riss den Brief zweimal durch und warf ihn in den Papierkorb. Er rückte den Schreibtisch wieder an seinen Platz, schloss die Tür des Amtes 23 ab und ging nach Hause.

Es gab Kartoffelsuppe an diesem Tag, mit Speck.

Berliner Abend

In Vorwendezeiten war es für einen Wessi doch irgendwie viel spannender, nach Berlin zu reisen! Dieses sadomasochistische Ritual mit den Grenzern, die sich so grimmig tief ins Autofenster beugten, um auch die unter den Sitzen und im Handschuhfach versteckten Flüchtlinge entdecken zu können. Oder eine Rückfahrt im Zug durch die „Zone": Judith demonstrativ den „Spiegel" lesend, und ich das „Neue Deutschland". Tempi passati!

Jetzt, wo die Mauer seit drei Jahren offen ist, ist die Dramatik irgendwie futsch. Diesmal jetten wir nur übers Wochenende zum Billigtarif in die Hauptstadt, zu einer Hochzeit im Wedding. Untergebracht in einem Plattenbauidyll an der Rhinstraße. Am Montagnachmittag sind wir noch mit Helmut verabredet, dem Pastor aus Cottbus. Treffpunkt: 14 Uhr im Restaurant neben der Synagoge. Helmut hat angekündigt, uns zum Essen einzuladen. Sehr praktisch, denn unser Restguthaben beläuft sich auf knappe dreißig Mark. Aber schließlich haben wir das Ticket für den Rückflug schon in der Tasche.

Auf dem Weg zur Synagoge kaufe ich in einem Schnellimbiss eine Armbanduhr für vier Mark fünfzig, für Lukas, unseren Vierjährigen. Auf dem Zifferblatt kämpft Batman gegen einen Alien ...

Helmut ist noch nicht da, als wir ankommen. Wir sind müde und hungrig, bestellen schon mal Kaffee, Wasser, und für mich einen israelischen Likör. 14.20 Uhr: Judith ist wirklich hungrig und lässt sich Falafel kommen. Also gut, für mich einen kleinen Salat. Um 14.45 Uhr ist alles verzehrt, aber Helmut ist immer noch nicht da. Vielleicht meint er, wir hätten uns für drei Uhr verabredet? Oder an einem anderen Tag? Notabene: Wir haben noch kein Handy! So einen Luxus können sich nur Geschäftsleute leisten. Und eine Bank- oder Kreditkarte besitze ich auch nicht. Sind das nicht Erfindungen, die die Leute nur zum Geldausgeben animieren sollen?

Als ich einen Carmel-Wein ordere, wird Judith unruhig: „Was machen wir denn, wenn der gar nicht kommt?" Helmut ist Pastor – wie könnte der uns sitzen lassen? „Hast du überhaupt genügend Geld dabei?"

Der Wein schmeckt mir jetzt nicht mehr so gut und ich überschlage die Rechnung. Irgendwas um die dreißig Mark. Judith geht mal auf der Straße, nachsehen, ob er vielleicht draußen auf uns wartet. Fehlanzeige. Wir fragen die Bedienung, ob es neben den anderen Synagogen der Stadt auch Restaurants gebe. Ein Café sei neben der einen. Wir seufzen unisono.

Judith rutscht unruhig auf dem Stuhl hin und her. Zur Tarnung in der Speisekarte blätternd, rechnet sie aus, was wir zu zahlen haben. Ergebnis: 34 Mark 10. Ich verschwinde mal kurz und zähle hinter der Klotür mein Geld: 31,73. Mir wird schlecht. Judith ebenfalls. Das Flugzeug geht in zweieinhalb Stunden. Während ich die Batman-Uhr in den Schnellimbiss zurückbringe und mein Geld zurück haben will (wofür eigens der Geschäftsstellenleiter gerufen werden muss), überbrückt Judith die Zeit damit, den Kellnern freundlich zuzunicken. Unsere Barschaft beträgt nunmehr 36 Mark 23. Völlig erschöpft können wir die Rechnung bezahlen. Ich verfluche alle Helmuts dieser Welt.

Dieses Problem wäre gelöst, doch ein neues tut sich auf: Mit der verbliebenen Barschaft von 1 Mark 23 (schließlich haben wir großzügig neunzig Pfennig Trinkgeld gewährt) werden wir nicht den Transfer vom Kölner Flughafen zur Bonner Innenstadt bezahlen können. Judith entscheidet spontan: „Ich fahre schwarz." Aber ich – niemals! Judith erklärt mich für bekloppt, womit sie Recht hat. Ich verlasse sie, eile durch die Berliner Rush Hour zum Wedding zurück, leihe mir vom verdutzten Hochzeitspaar zwanzig Mark, und spurte zum Flughafen, wo Judith inzwischen auf mich wartet.

Als die Maschine abhebt, spüre ich wieder ein bisschen das Gefühl von früher: Ich verlasse den Bauch des Molochs Berlin in dem Gefühl, der Freiheit entgegen zu reisen. – Helmut hat übrigens ein paar Wochen später angerufen. Seinerzeit sei auf der einspurigen Cottbuser Autobahn ein Stau gewesen; da habe er seinen Kaffee lieber daheim getrunken. Ob es für uns denn ein schönes Wochenende gewesen sei? „Na klar", säusle ich, „Berlin ist doch immer eine Abreise wert." Wir freuen uns schon aufs nächste Mal.

Das Genie

Er war ein Schriftsteller, der nie etwas geschrieben hat. Nicht nur, dass er nichts veröffentlichte, er verfasste erst gar nichts. Nur die Prosa des Alltags – Einkaufszettel oder Urlaubsgrüße – brachte er zu Papier. Weil er nämlich klagte, alles sei schon einmal gesagt worden, besser, poetischer, phantasievoller als er es könne. Und sein Genie benötige das Absolute, das Göttliche. Er boykottierte den Schreibtisch, schrieb aus Protest gegen die Mittelmäßigkeit weder Gedichte noch Romane oder andere Texte. Schweigen, bis das Vollkommene möglich ist, war seine Devise. Immerhin belästigte uns der Schriftsteller so nicht mit radebrechender Lyrik, die keiner hören mochte. Auch verschonte er uns mit langweiligen Geschichten, wie sie uns andere zumuten. Der Schriftsteller war konsequent. Wir bewunderten ihn.

Tristesse danach

Der schlimmste Augenblick ist der, als er wieder auf die Straße muss. Die dämmrige, parfümierte Höhle verlassen und in die kalte, grelle Welt hinaus. Und prompt trottet da natürlich ein altes Ehepaar an jenem Institut vorbei, und der alte Herr kann sich ein süffisantes Grinsen nicht verkneifen.

„O Gott", stöhnt Detlef, „das war nix." Er geht in einen griechischen Schnellimbiss und bestellt Gyros-Pita. Plötzlich errötet er: ob man ihm den Puff-Besuch ansieht? Er versucht so unauffällig wie möglich mit dem linken Zeigefinger zu überprüfen, ob der Reißverschluss auch zu ist. Er ist. Seine Pita ist schnell fertig, aber er bekommt kaum einen Bissen hinunter. Dafür kippt er einen Ouzo. Fünfzig Euro fürs Runterholen, das muss man sich mal vorstellen! Er bestellt noch einen Anisschnaps. Mit Kondom auch noch, mit Kondom! Dass die nicht noch Latexhandschuhe anhatte, wie er bei einer Operation!

Ob er wohl nach Etablissement riecht, diesen schweren, süß-muffigen Geruch verströmt? Er fühlt sich sehr unwohl. Die haben ihm da natürlich angesehen, dass seine Erfahrungen gleich Null sind. Vielleicht hätte er sich doch zu einer richtigen Nummer durchringen sollen? Nein, besser so. Oder doch nicht? Nun, diese Erfahrung hat er jedenfalls gemacht. Sie soll ihm genügen.

Detlef lässt sich das angebissene Gyrosbrötchen einpacken und fährt nach Hause. Seit der Scheidung lebt er in diesem Appartement; es ist so klein, dass es ihn an seine Studentenbude erinnert. Mehr ist zur Zeit nicht drin. Selbstverständlich, als Arzt verdient er nicht gerade schlecht.

Aber Elke zockt ganz schön ab. Dazu die Alimente für zwei Kinder, das geht ins Geld. Finanziell wäre also ein regelmäßiger Bordellbesuch gar nicht machbar. Besser sähe es aus, wenn er den Oberarztposten bekäme. Aber die Chancen sind mäßig, die Konkurrenz gnadenlos. Im letzten Jahr hat er durch die Scheidung etwas durchgehangen, ist wohl verständlich. Aber die Kollegen haben währenddessen Punkte gesammelt, er nicht. Ohne Oberarzt kein Puff.

Er gießt sich ein Glas Milch ein. Diese gekaufte Sexualität, das ist ja gar nicht das, was er will. Eigentlich möchte er wieder eine schöne Partnerschaft mit einer lieben Frau, ein, zwei Kindern, in einem Häuschen wohnen. Ein Reihenhaus tät es schon, vielleicht eine Doppelhaushälfte.

„Nee", fährt es Detlef durch den Kopf. „Nicht nochmal. Eine Ehe reicht." Jetzt hat er auch wieder Appetit und isst seine Pita. Dann futtert er eine Tafel Schokolade – Noisette – und zappt sich durch die Fernsehprogramme.

Im Vorabendprogramm findet man lauter glückliche Familien, die kleine Mittelstandsprobleme lösen. Wenn's in der einen Folge nicht klappt, dann eben nächste Woche. Alles wird gut.

„Nichts wird gut." Detlef schaltet den Fernseher aus, nimmt eine Illustrierte in die Hand. Ein Ärzteblatt, das er gelangweilt wieder weglegen will. Darunter liegt das Pornomagazin. Er nimmt es in die Hand, blättert es genauso gelangweilt durch und wirft es in der Küche in den Mülleimer.

Die eine Krankenschwester wäre ja wirklich ganz nett. Verdammt, wie heißt sie? Andrea, nicht? Ja, Andrea. Aber jeder Arzt mit Verstand befolgt das goldene Gesetz des Krankenhauses: Liebe nie eine Krankenschwester deiner Station. Das gibt nur Probleme. Es stimmt auch. Als sein

Kollege Gregor mit der adretten Münchnerin angebändelt hatte, und die Chose nach zwei Monaten beendet war, knisterte es bei jeder Visite. Mal eiskalte Kurz-Angebundenheit, mal fiese Bemerkungen, glühend fies. Also, keine Claudia. Quatsch, Andrea heißt sie doch. Dieser Busen! Und nett ist sie auch.

„Mit meinem Anstand vermassele ich mir meine besten Jahre." Detlef nimmt sein Adressbuch in die Hand und überlegt, wen er anrufen kann. Vielleicht Gabi. Nur fürs Kino. Muss gar nicht im Bett enden. Wäre zwar schön, aber eben nicht mit Gabi. Mit Gabi kann man eher über Politik debattieren. Oder über Kultur. Dabei ist sie wirklich anziehend.

Er ruft Gabi an, erreicht aber nur ihren Anrufbeantworter. Gabi hat sich somit erledigt. In der Küche will er aus dem Abfalleimer das Pornomagazin retten. Doch eben hat er schon die fettigen, schmierigen Reste der Alufolie und des Einpackpapiers der Pita daraufgeworfen. Die blonde Titelschönheit ist ölig befleckt, der gesamte obere Rand des Heftes von Milchresten wellig. Detlef überlegt kurz, ob man das wohl wieder hinkriegen kann, mit dem Fön vielleicht?

Acht Uhr früh

Hauptbahnhof Bonn. Der ICE steht abfahrbereit auf dem Gleis, ich besitze aber keine Fahrkarte für diesen Zug.

„Kann ich gleich im Zug nachlösen?", frage ich den Schaffner auf dem Bahnsteig.

„Sicher können Sie das", antwortet er lachend, „für Geld können Sie alles haben!"

Ich entgegne, ebenfalls in scherzendem Ton: „Nicht alles!"

„Was denn nicht?"

Mit einem Fuß stehe ich schon in der Tür. „Das Wichtigste bekommt man nicht für Geld."

„Was denn nicht?", überlegt der Schaffner und sieht an mir vorbei. „Vielleicht das ewige Leben."

„Aber die Liebe!"

Er macht eine wegwerfende Geste: „Für genügend Geld ..."

„... bekommt man höchstens Sex, aber keine Liebe", führe ich seinen Satz fort.

Der Mann sagt bitter grinsend: „Das machen die so geschickt!"

Ein Pfiff.

Ich frage noch: „Schlechte Erfahrungen?"

Er nickt. Ich steige ein. Der Zug fährt ab.

Nachhilfe

Heiko, eigentlich hochaufgeschossen wie eine Dattelpalme, hängt mit gekrümmtem Rücken, einer welken Tulpe gleich, am Tisch.

„Ich will aber nicht", trotzt der Sechzehnjährige, dem ich gegen schnöden Mammon Nachhilfe in Deutsch erteile. Die Mittlere Reife soll schließlich nicht an einer Fünf in seiner Muttersprache scheitern.

Beim letzten Treffen noch zeigte er mir begeistert die Stelle, wo die Jugendlichen in Grass' „Katz und Maus" sich an kollektiver Selbstbefriedigung auf dem alten Kahn in der Danziger Bucht erfreuen. Doch mehr als diese eine Seite hat Heiko nicht gelesen.

Die Kulturtechnik Lesen ist für ihn eine Art Psychoqual. Und meine Schatulle von Motivationsideen ist leer.

Ein letzter Versuch: „Stell dir doch vor, deine Freundin hätte dir das Buch geschenkt. Würde dich nicht interessieren, warum sie ausgerechnet dieses Buch ausgesucht hat?"

Heiko kneift die Augen zusammen und sagt dann mit cooler Humphrey-Bogart-Stimme: „Die soll sich wagen, mir 'n Buch zu schenken!"

Nennen wir ihn Stefan

Ein unauffälliger Name. Und unauffällig wollte er sein. Musste er sein. Sein Beruf war das Gegenteil davon: Als katholischer Pfarrer hatte er sieben Dörfer in einer süddeutschen Diözese zu versorgen. Ein Job, bei dem man jeden Tag im Licht der Öffentlichkeit steht. Eine Berufung! Und eine Herausforderung: Was man auch tut oder lässt, es wird wahrgenommen.

Die Leute mochten ihn sehr, ihren Stefan. Seine offene Art auf Kinder, Jugendliche, Erwachsene und Senioren zuzugehen. Seine schön gestalteten Gottesdienste. Seine engagierten Aktionen – von der nächtlichen Wallfahrt mit anschließendem Lagerfeuer über die Pilgerreise ins Heilige Land bis zum Protest gegen ein Neonazikonzert im Ort. Ein Bilderbuchpriester. Eigentlich.

Denn sein Leben gestaltete sich ganz und gar nicht so glücklich und erfüllt, wie man den Eindruck hätte gewinnen können. Sicher, seinen Dienst an den Pfarrgemeinden sah er als einen Dienst für den Herrn. Er tat gern, was er tat. Der Glaube an einen Gott, der ihm persönlich zugewandt war und ihn auf seinen Platz im Leben gestellt hatte, dieser Glaube hatte Stefan das Leben gerettet.

Das ist vielleicht ein bisschen dick aufgetragen; sagen wir es bescheidener: Dieser Glaube ließ ihn Vertrauen ins Dasein wagen. Denn daran hatte es ihm einmal gemangelt. Sein Start ins Leben war schwer, belastet gewesen. Als er noch klein gewesen war, hatte Stefan als Einzelkind besonders unter den dauernden Streitigkeiten seiner Eltern gelitten: Der Vater gewalttätig, die Mutter Kettenraucherin, Stefan oft verzweifelt. Es war ein Segen gewesen, als sich die Eltern scheiden ließen. Und doch eine Katastrophe. Als er kaum zweiundzwanzig Jahre zählte, starb die Mutter an Lungenkrebs. Stefan wäre in der Einsamkeit umgekommen, wäre da nicht die Kirche gewesen, die ihm ein Zuhause wurde.

Er brach seine Ausbildung als Bankangestellter ab, studierte Theologie und wurde Priester. Ein guter Priester. Sieben Dörfer zu versorgen, stellte eine ganz schöne Verantwortung dar! Stefan wurde ihr gerecht. Und doch nagte das Gefühl der Sinnlosigkeit an ihm. Er liebte Gott und er liebte seine Gemeinden, und alle liebten ihn ... aber wo blieb der Eine, dessen Liebe er hätte spüren und schmecken können?

Bereits als Jugendlicher hatte er gemerkt, dass Mädchen ihn nicht interessierten. Doch er verdrängte die aufkeimenden Gedanken, die ihm Angst machten. Als Theologiestudent dachte er noch: Wie praktisch, als Priester werde ich mir über Sexualität keine Gedanken machen müssen. – Meinte er. Und als Pfarrer war er dann ohnehin zu beschäftigt. Dann und wann, wenn er aufkeimende Lust nicht mehr zu unterdrücken vermochte, sah er sich entsprechende Seiten im Internet an, gebannt von den extremen Darstellungen, die ihn anekelten. Danach löschte er penibel alle Daten vom Computer, aus denen man hätte schließen können, auf welchen Websites er gewesen war.

Bis das Verlangen nach einem wirklichen Mann echte Schmerzen in seiner Brust hervorrief. Bei einer Jugendfreizeit war ein hübscher Bursche dabei, der 19-jährige Gruppenleiter Patrick, und als Stefan ihn in Badehose sah, war ihm, als sauste ein Blitz durch seinen Kopf. Stefan hätte nie etwas mit diesem Typ angefangen, dafür war er zu klug

114

und zu schüchtern, und er sah ja auch, wie die Mädchen auf Patrick flogen. Aber er gestand sich ein, dass endlich einmal etwas passieren musste, sonst würde es ihn zerrei-ßen. Und als er wieder daheim war und sich nach dem Duschen nackt vor dem Spiegel betrachtete, gestand er sich endlich ein: „Stefan, du bist schwul. Das ist dein Coming out." Da zählte er bereits 38 Lebensjahre.

Über Partnerbörsen im Internet knüpfte er Kontakte unter falschem Namen. Auch mussten die Männer weit genug weg wohnen, damit niemand seine Identität erfahren konn-te. Mutig, aber mit Herzklopfen, hatte er sein erstes Date in der Schwulenbar einer Großstadt. Der Mann, den Stefan übers Netz kennen gelernt hatte, war charmant, was ein Kribbeln in ihm auslöste, das er nicht kannte. Doch als der Mann ihn aufforderte, mit ihm in ein Hotelzimmer zu ge-hen, ergriff Stefan die Flucht.

Ein paar Wochen später startete er einen neuen Versuch mit einem anderen Mann. Die beiden trafen sich ein paar Mal, und Stefan wurde von einem ihm bisher unbekann-ten Sehnen erfasst. Nach dem nächsten Treffen gingen sie in die Wohnung des anderen, und Stefan genoss den ersten Kuss, die erste nackte Umarmung seines Lebens, eine Zärtlichkeit und Leidenschaft, die er noch nie erfahren hatte. Aber am nächsten Morgen brachte ihn das schlechte Gewissen schier um. Er brach den Kontakt zu dem Mann sofort ab, intensivierte hingegen sein tägliches Gebet und suchte schließlich Linderung seiner Seelenqualen, indem er sich einem Mitbruder in der Beichte offenbarte.

Der sagte nur: „Dass du schwul bist, habe ich mir schon lange gedacht. Aber das ist doch keine Sünde, da gibt es nichts zu beichten. Tu was dir gefällt, Gott liebt dich, wie du bist." – Das hätte eine tröstliche Botschaft sein können, aber sie nahm Stefan nicht das Gefühl, dass er schuldig geworden war, weil er gegen sein Versprechen sexueller Abstinenz verstoßen hatte.

Langsam fand sich Stefan in der Szene zurecht, lernte Männer kennen, mit denen er mal eine Nacht, mal ein paar Wochen zusammen war. Alle kannten ihn nur als „Frank". Keiner durfte erfahren, wer er wirklich war: ein Priester. Er musste höllisch aufpassen, sich beim Erzählen nicht zu verplappern. So gab er sich als Bankangestellter aus. Und kam öfters in Schwierigkeiten, zu erklären, warum er am Sonntagvormittag nie Zeit hatte, um etwas gemeinsam zu unternehmen.

Franks Schattenleben fand im Verborgenen statt. Das öffentliche Leben des Stefan wurde ziemlich durcheinander geschüttelt, denn er durfte sich ja nichts anmerken lassen, durfte es niemandem erzählen, wenn er verliebt war, oder wenn eine Beziehung gerade geplatzt war, und ihn deswegen der Liebeskummer plagte. Seine Affären zehrten an ihm, sein Pensum in den Gemeinden bewältigte er nur noch unter Aufbietung all seiner Energie. Er schlief zu wenig. Wurde fahrig, unkonzentriert.

Was ist nur los mit ihm?, fragten sich die Leute in der Gemeinde besorgt. Stefan betete um Kraft, inbrünstig: „Mach doch bitte, Gott, dass ich das alles nicht mehr brauche! Ich will doch nur für dich leben. Ich liebe nur dich!"

Aber bald liebte er nicht nur Gott, sondern auch Olaf. Der war fünf Jahre älter als Stefan, erfahren, sanft, einfühlsam, humorvoll. Stefan schwebte auf Wolken. Das merkten auch die Mitglieder seiner Pfarreien, die sich freuten, wie entspannt und tatkräftig ihr Priester wieder geworden war. Eine wunderbare Zeit ging ins Land, herrliche Monate. Obwohl Olaf bisher nur Frank kannte, den Bankangestellten, und nicht Stefan, den Priester.

Dann kam es zum Konflikt um Herrn Schuster, den Vorsitzenden des Pfarrgemeinderats. Der trennte sich mit 53 Jahren von seiner Frau – nach der Silberhochzeit! Doch damit nicht genug, er wollte zukünftig mit einem Mann zusammen leben! Stefan musste Herrn Schuster im Namen des Bischofs ausrichten, er habe aufgrund seines ungeordneten Lebenswandels seinen Posten im kirchlichen Gremium unverzüglich aufzugeben. Herr Schuster wollte gar nicht lange diskutieren, verabschiedete sich nur mit den Worten: „Ihr seid doch alle Heuchler!" Das schmerzte Stefan.

Die Diskussion in der Gemeinde schlug hohe Wellen. Die Homosexuellen würden alle Moral auf den Kopf stellen, polterten die einen, „Sie sind unser Unglück!", ergänzten andere; dagegen verwahrte sich Stefan. Fromme Damen wussten zu ergänzen, die schwulen Männer seien doch alle Kinderschänder, und hätten es nur auf die Jungen abgesehen. Stefan verschlug es die Sprache.

Im Gottesdienst am Sonntag thematisierte er den Vorfall um Herrn Schuster und legte die offizielle Lehre der Kirche dar, nach der Menschen mit gleichgeschlechtlicher sexueller Orientierung nicht zu verdammen seien; ihnen solle man mit Respekt und Mitleid begegnen. Während er sprach, brach ihm der Schweiß aus. Den Satz, der auch noch in seinem Predigtmanuskript stand, nämlich, die Schwulen und Lesben dürften aber ihrer Neigung nicht aktiv nachgehen, den ließ er weg. An diesem Sonntag verhaspelte er sich bei den Gebeten in der Messe; viele Gläubige blieben dem Kommunionempfang fern. Das bedeutete: der Konflikt war noch lange nicht ausgestanden.

Stefan erhielt wütende Anrufe und E-Mails von aufgebrachten Christen, die ihn beschimpften, das habe man ja nicht von ihm gedacht, ob er am Ende auch einer von denen sei. Doch es gab auch ein anderes Gespräch: Die alte Frau Holzner klingelte nachmittags bei ihm, und sprach ruhig, aber bestimmt: „Herr Pfarrer, des glauben S' doch selbst nicht, was Sie da heut gesagt haben! Des is doch weltfremd! Die Schwulen sind Menschen wie wir. Mein Enkel ist auch einer; so einen lieben Buben kenn ich keinen zweiten! Gott liebt die Schwulen, wie alle anderen auch. Wenn's anders wär', wollt' ich nicht mehr glauben."

Stefan wusste nicht mehr, wo ihm der Kopf stand. Er verabredete sich mit Olaf in einem italienischen Restaurant, fuhr am Abend zu ihm und offenbarte sich endlich: dass er nicht Frank sei, sondern Stefan, und nicht Banker, sondern Priester. Olaf hörte aufmerksam zu. Er lächelte nicht. Traurig sagte er: „Stefan, ich will versuchen zu verstehen, warum du gehandelt hast, wie du gehandelt hast. Aber unser Vertrauen ist dahin! Du hast mich ein halbes Jahr lang angelogen. Es ist aus zwischen uns." Stand auf, legte einen Geldschein auf den Tisch, und ging. Stefan war zu geschockt, um überhaupt nur „Olaf!" sagen zu können.

Er blieb noch lange sitzen. Still, ohne sich zu rühren. Legte am Ende auch einen Geldschein auf den Tisch, fuhr zum Städtischen Krankenhaus, nahm den Aufzug zum obersten Stock und sprang über den Balkon in die Tiefe.

In der offiziellen Erklärung des Bistums hieß es, der allseits geschätzte Priester Stefan N. sei bei einem tragischen Unfall ums Leben gekommen.

Tragisch war sie wirklich gewesen, seine Verzweiflung.

Aber kein Unfall.

Er kam immer zuerst

„Naja, mein Mann war schon ein ganz eigener", lächelt die Witwe bitter. „Wenn Sie verstehen, was ich meine." Ich bitte um Konkretisierung.

„Also, er konnte gut für sich sorgen." Die Frau nimmt einen tiefen Zug aus ihrer Zigarette, die auf einer langen schwarzen Spitze qualmt. Sie scheint eine treffendere Formulierung zu suchen.

„Er dachte zuerst einmal an sich." Das war wohl passend, denn ein Grinsen huscht über ihr faltiges Gesicht. Sie zieht wieder an der Zigarette, sieht dem abziehenden Rauch nach und verbessert sich dann: „Er dachte eigentlich nur an sich."

Ich sitze der alten Dame schweigend gegenüber und signalisiere Aufmerksamkeit.

Sie zuckt die Schultern: „Nennen wir es doch beim Namen: Er war ein Egoist."

Ich blicke jetzt vorsichtig mitfühlend drein.

„Ja, er war ein Egoist. Ach, was sage ich?" – Sie zieht heftig und stößt den Rauch durch die Nase aus, das Gesicht schmerzvoll verzerrt. „Egoist ist noch viel zu milde ausgedrückt. Viel zu milde. Er war ein Egozentriker. Ein schrecklicher Egozentriker. Ja, das war er."

Jetzt fühlt sie sich anscheinend wohler. Sie lächelt. Erstmals blickt sie mir in die Augen. Im selben Moment werden ihre feucht.

„Glauben Sie mir, junger Mann, es war fürchterlich mit ihm. All die Jahre musste man auf ihn Rücksicht nehmen. Er kam immer an erster Stelle. Immer. Ich konnte neben ihm verrecken, zuerst kam er. Was habe ich darunter gelitten." Die Tränen rollen durch die Furchen ihrer greisen Wangen.

Nun werde ich unsicher. Soll ich ihre Hand nehmen? Oder es beim mitfühlenden Ausdruck belassen?

Sie reißt ihren Blick von mir los, drückt die Zigarette im Aschenbecher aus, starrt mich dann an und gebietet mit flehender Stimme: „Aber davon darf in der Trauerfeier nichts zur Sprache kommen, Sie verstehen doch?"

Ich verstehe, selbstverständlich. Und überlege dann lange, wie ich es sagen kann, ohne es zu sagen.

Drei Tage später stehe ich vor dem Sarg des Selbstsüchtigen. In seine Biographie lasse ich einfach einfließen: „Er hat es sich und seinen Mitmenschen nicht immer leicht gemacht."

Die Witwe schließt die Augen, ihr entfährt ein leises „Ja!".

Und dann wirkt sie wie eine, die nach zähem Kampf den Sieg errungen hat. Sie blickt mich wieder an: Friede leuchtet aus ihr heraus.

Später schreibt sie mir später von Hand auf der Dankdrucksache: „Das musste wirklich einmal gesagt werden!"

Dichtersorgen

Es ist doch immer das Gleiche. Wenn ich in der Badewanne sitze, kommen mir die besten Gedanken für einen Roman. In der U-Bahn liegen mir die zartesten Gedichte auf der Zunge. Beim Schuhkauf schreibt mein Geist spritzige Kurzgeschichten.

Ich könnte die Reihe beliebig fortsetzen. So fallen mir beim Spülen interessante Themen ein, zu denen ich unbedingt recherchieren sollte. Oder, wenn ich in ein intensives Gespräch vertieft bin, überfällt mich die lange gesuchte, treffende Formulierung für einen Essay.

Auf den Punkt gebracht lautet also die Grundregel: Genau dann, wenn weder Papier noch Schreibgerät zur Hand sind, immer genau dann küsst mich die Muse.

Habe ich aber voller Tatendrang an meinem Schreibtisch Platz genommen, um die Welt mit meinen geistigen Ergüssen zu beglücken, dann ist mir, als beherrschte ich nicht einmal das Schreiben. Mit den nun reichlich vorhandenen Füllern, Bleistiften und Kugelschreibern traktiere ich abwechselnd stapelweise Papier. Ich kritzle und male, schreibe das eine oder andere Wort, streiche es wieder durch: leer, das Papier bleibt leer. Weil der Kopf leer ist. Nichts, gar nichts will mir gelingen.

Ich will mich inspirieren, schaue zum Fenster hinaus. Es ist schmutzig. Schnell blicke ich wieder aufs Papier. Es ist leer.

Ich gieße die Blumen; die Ärmsten waren schon ganz vertrocknet. Ich begebe mich zurück zum Schreibtisch, dieser Folterstätte. Ich male einen Kreis auf das Blatt. Einen Punkt in die Mitte. Ich zerknülle das Blatt und werfe es weg.

Jetzt trinke ich einen Kaffee, esse ein paar Plätzchen. Mir geht es schon viel besser. Meinen Schreibtisch mag ich nicht mehr ansehen. Ich setze mich zwar hin, doch eigentlich ignoriere ich dieses Möbel. Auch den Stift in meiner Hand verachte ich, ebenso die eigenartige Wortkonstellation, die er gerade zu Papier gebracht hat. Ich bin dafür nicht verantwortlich.

Ich lese. Erst eine Zeitung, dann in einem Buch. Auf einen Kaffee hätte ich Lust – ach. nein, ich habe ja gerade erst einen getrunken. Die Blumen sind auch schon gegossen, schade.

Ich betrachte meinen Schreibtisch und tue so, als ginge ich zum ersten Mal hin. Hallo, alter Junge, begrüße ich ihn. Doch er mag mich nicht, bleibt stumm, wie mein Stift und das Papier. Ich hasse Papier.

Ich gehe zu Bett. Müde, gestresst, depressiv, zerworfen mit Gott und der Welt. Meine geschwächten Glieder genießen das Liegen auf der Matratze.

Da! Als ich gerade so richtig erleichtert bin, dass dieser grausame Tag ein Ende hat – mir fallen die Augen zu – da kommen sie: Einfälle über Einfälle! Ich bin über mich selbst begeistert. Gelungen! Phantastisch! Phänomenal!

Ich schlafe ein.

Aus mir hätte ein großer Schriftsteller werden können. Sei's drum.

Das ist zuviel

Also, das ist zuviel. Ich lasse mir ja viel sagen, ich lasse eine Menge über mich ergehen, ich kann einiges aushalten. Aber was zuviel ist, ist zuviel. Dass ich mir so etwas sagen lassen muss. So eine Gemeinheit, ach, was sage ich: eine Unverschämtheit, eine Ungeheuerlichkeit, eine bodenlose Dreistigkeit, eine ... Mir fehlen die Worte – und das kommt nicht oft vor.

Nun, bitte, wenn sie mich fertig machen will, wenn sie mich erniedrigen will, wenn sie mich leiden sehen möchte, bitte, kann sie haben. Kann sie ja überhaupt immer: alles haben, was sie will, in allem ihren Willen durchsetzen.

Ich für meinen Teil werde die Konsequenzen ziehen. Sie wollte es doch so, oder nicht? Noch heute werde ich die Scheidung einreichen, noch heute! Bitteschön, dann ist sie mich los. Sie wird schon sehen, was sie davon hat, sie wird es schon sehen. Mir ist das vollkommen gleichgültig, absolut egal. Ich komme gut ohne sie aus. Sehr gut sogar. Ja, eigentlich freue ich mich darauf: endlich frei! Dann brauche ich mir so etwas nicht mehr bieten zu lassen!

Genau betrachtet würde ich ihr mit der Scheidung noch einen Gefallen tun. Einen Gefallen? Nie! Nur über meine Leiche. Leiche? Das wäre vielleicht eine Idee. Ich bringe mich um. Ich gehe ins Wasser. Ich stürze mich in die eisigen Fluten des Rheins. Hunderte von Kilometern werde ich von den reißenden Fluten des Stroms mitgerissen. Aufgequollen wird man mich dann finden. Ja, spielende Kinder, unschuldig und zart, werden durch den Anblick meiner entstellten Leiche einen Schock erleiden.

Die Polizei wird ihr zitternd die Todesnachricht überbringen. Aber vorher muss man mich ja erst suchen. Die ganze Stadt wird sich daran beteiligen. In Hundertschaften wird das Militär das Gelände durchkämmen – durch Felder und Wälder, unterstützt von Hundestaffeln und Dutzenden von Hubschraubern. Mit brennenden Fackeln müht man sich des Nachts nur um ein Ziel: mich zu finden.

Und während alle suchen, mit letzter Kraft und unter Einsatz ihres Lebens, sitzt sie da und wartet auf ein Zeichen von mir. Tränenüberströmt. Ihre eigene Lieblosigkeit wird sie vernichten. Sie wird sich quälen mit ihrer Schuld. Sie wird sich vornehmen, sich zu bessern, ja, sie wird schwören, es nie wieder zu tun. Doch vergebens. Ich werde für immer entschlafen sein, aber sie wird immer wieder aufwachen aus ihren Alpträumen, die sie regelmäßig heimsuchen, wie ich hoffe. Ich erscheine dann vor ihrem geistigen Auge. Sie will mich festhalten, doch ich entfleuche, hauchend: „Tut mir leid."

Das gefällt mir! Ich werde noch einen Abschiedsbrief schreiben. Kurz muss er sein, das wirkt am besten. Vielleicht: „Auf Nimmerwiedersehen?" Nein, zu plump. Wie wär's mit „Adieu – Du wolltest es ja so ..." Schon besser. Das französische Adieu wirkt dramatisch, und die drei Pünktchen am Ende lassen auf ein offenes Ende schließen, obwohl das Ende ja schon beschlossen ist, endgültig.

Ich sehe sie vor mir: ganz in Schwarz gehüllt, das Gesicht unter einem Schleier verborgen. Gedrückte Stimmung liegt über der Trauerversammlung. Geneigten Hauptes, gemessenen Schrittes zieht die Gemeinde zum Grabe. Wunderbar! Der Sarg – ein wahre Pracht! Ganz in Weiß gehalten, mit Rosen, wunderbar fetten Rosen in Rot und Weiß überladen. Tränen werden fließen, oh ja! Bäche!

So wird es sein, das wünsche ich ihr. Denn so eine Gemeinheit – was sage ich – so eine freche, dreiste, unmögliche, geradezu brutale Unverschämtheit darf nicht ungestraft bleiben!

Warum ich mich so aufrege? Wer regt sich denn hier auf? Man wird doch wohl noch seine Meinung sagen dürfen. Ich muss doch nicht alles schlucken. Da muss man doch explodieren! Oder was würden Sie tun, wenn Ihre eigene Frau (nicht mehr lange), Ihre eigene Frau so etwas zu Ihnen sagen würde?

Was sie sagte? Also, sie sagte ... nein, ich bringe es nicht übers Herz, nicht über die Lippen, ich kann es nicht wiederholen. Glühende Kohlen wären ihre Worte auf meiner Zunge. Sie wollen also wissen, was mich so verletzt hat? Unbedingt? Nun gut, ich will mich dazu zwingen, diese Schmach selbst auszusprechen.

Ich nehme mich zusammen, konzentriere mich. Sie sagte, ich solle – nein, es ist wohl besser, ich zitiere sie. Das kann ich wohl, denn diese Worte habe ich nicht vergessen, werde ich nie vergessen können, mein Lebtag nicht. Also gut. Sie werden mich sofort verstehen, wenn ich Ihnen sage, was sie mir sagte.

Ihre Worte waren:

„Übertreibe doch nicht immer so."

Weitermarschieren

Obwohl das Landeskirchenamt ein relativ modernes Gebäude war, schlug mir der Geruch einer altehrwürdigen In-
stitution entgegen, als ich das Hauptportal durchschritt.

„Becker ist mein Name", meldete ich mich am Empfang,
„ich habe einen Termin mit Kirchenrat Stüttgen."

Die Dame hinter der Rezeption sah mich streng über ihre
dunkle Hornbrille hinweg an, telefonierte kurz, und sprach
dann etwas gespreizt: „Der Herr Oberkirchenrat Dr. Stüttgen erwartet Sie, ist aber noch für einen Moment verhin-
dert. Darf ich Sie bitten, einen Augenblick Platz zu nehmen?"

„Sie dürfen", nickte ich und ließ mich in einen der Ledersessel fallen, die wie in einer Hotelhalle in kleinen Grüpp-
chen zusammen standen. Auf niedrigen Tischchen lag die
aktuelle Ausgabe der Kirchenzeitung aus, außerdem Pro-
gramme von evangelischen Tagungshäusern. Ohne sie zu
lesen, nahm ich ein paar Papiere in die Hand, blätterte sie
durch und versuchte, meinen Atem zu beruhigen.

Ich war mir meiner Sache wieder ganz sicher, eigentlich.
Alle Skrupel waren verflogen; diese Atmosphäre hier be-
stärkte mich nur in meinem Entschluss. Und doch verspürte ich eine gewisse Aufgeregtheit, was mir der Schweiß
unter den Armen verriet. Den Termin hätte ich mir sparen
können, ging es mir durch den Kopf. Als ich auszurechnen
versuchte, wie viele Jahre es her sein musste, dass ich
zum letzten Mal hier gewesen war, trat eine hübsche junge Frau in dunkelblauem Kostüm an mich heran.

„Herr Pfarrer Becker?", lächelte sie wie eine Stewardess.
Ich nickte wieder, stand auf und wurde von diesem reizen-

den Geschöpf durch verschiedene Flure geführt. An den Wänden hingen in Glasrahmen Plakate von Kirchentagen, kalligraphische Jahreslosungen und Reproduktionen von Baselitz. Gern hätte ich einen netten Small Talk mit der jungen Frau angefangen, aber mir fiel kein Einleitungssatz ein, und sie schwieg mit geradezu asiatischer Anmut. Außerdem irritierte mich, dass ein solches Wesen in einem solchen Hause arbeiten konnte. Und erst ihr Parfüm!

Ich wurde noch durch ein Vorzimmer geführt, das um ein Vielfaches größer war als mein Gemeindebüro zu Hause, bis ich endlich die gepolsterte Tür zum Allerheiligsten durchschreiten durfte. Stüttgen saß hinter einem Ungetüm von Schreibtisch, auf dem nicht mehr als ein Telefon und ein Bilderrahmen standen, dessen Inhalt ich allerdings nicht sehen konnte. Er las gerade in einem aufgeschlagenen Ordner – meine Personalakte! schoss es mir durch den Kopf – und erhob sich lächelnd, als ich eintrat. Den Ordner klappte er geschwind zu, schritt um den Schreibtisch herum, schloss im Gehen noch den Knopf am Jackett und gab mir kraftvoll die Hand: „Herr Pfarrer Becker, wie schön, Sie wieder einmal zu sehen." Dann wies er galant auf den Stuhl vor dem Schreibtisch, dessen Rückenlehne etwas niedriger war als seine.

„Ja, wir hatten schon einmal das Vergnügen", sagte ich beklommen höflich, „bei der Visitation. Ich meine, '85 war's, ja?"

Sein Outfit beeindruckte mich. Er hätte mit seinem Nadelstreifenanzug, der goldenen Krawattennadel und der randlosen Brille auch als Chef einer Bank durchgehen können.

„Warten Sie", sagte er und legte den rechten Zeigefinger auf den Mund, „ich müsste das genau wissen, denn gleich anschließend bin ich nach Kolumbien geflogen, eine Reise im Rahmen der Brot-für-die-Welt-Aktion. 1986, ja, es war 1986."

Geflogen! notierte ich innerlich, das scheint erwähnenswert.

Er saß wieder, hatte zuvor den Jackettknopf geöffnet, lehnte sich jetzt zurück und sah ganz nebenbei auf seine goldene Uhr. „Herr Pfarrer Becker, was kann ich für Sie tun?"

Ich zögerte einen Augenblick mit der Antwort, weil ich seine Frage ernst nahm. Dann sagte ich: „Eigentlich nichts."

Ich meinte, sein linkes Auge hätte gezuckt, aber ansonsten bewahrte er Fassung. „Das heißt", fuhr ich fort, statt angemessen zu schweigen, „vielleicht hören Sie mir einfach zu."

„Aber bitte." Er faltete die Hände auf dem Bauch.

„Vor dreißig Jahren habe ich Abitur gemacht", fing ich an. „Während meine Mitschüler hin- und hergerissen waren, was sie machen sollten, stand mein Entschluss längst fest. Ich wollte Theologie studieren und Pfarrer werden. Das empfand ich als Berufung durch Gott höchstpersönlich. In Heidelberg und Marburg wurde ich ausgebildet, ein Semester durfte ich als Gast in Uppsala weilen. Anschließend die kirchliche Ausbildung nach Plan, Vikar, Ordination, Pastor in der Schulseelsorge, seit siebzehn Jahren bin ich Pfarrer in Monberg."

Stüttgen sah mich aufmerksam an. Dem Fuchs war nicht anzusehen, was er dachte.

„Erinnern Sie sich an unsere Kirche?"

Nun legte er seine Stirn in Falten. Ich beschrieb unsere Kirche: Ein Betonbau aus den siebziger Jahren, wie ein Zelt konzipiert, mitten im Neubaugebiet der Vorstadtgemeinde gelegen. Theologisch war damals die Botschaft ‚Christus als Clown' schick. Stüttgen bewegte zustimmend seinen Kopf, verharrte ansonsten abwartend.

Ich fuhr fort zu erzählen: „Die Monberger sind ganz o.k. Sie übertreiben es nicht mit der Religion, aber sie stehen zu ihrer Kirche. Die Gottesdienstbesucherzahlen, liegen im Schnitt, die Austrittszahlen sogar leicht darunter."

„Das wird auf Ihr segensreiches Wirken zurückzuführen sein", unterbrach er mich lächelnd.

Der Mann verstand sein Handwerk. Aber ich nahm meinen Faden wieder auf. „Oh ja, wie viele Sonntage habe ich dort gepredigt – in zwanzig Minuten die gesamte Heilsgeschichte abgehandelt und alle Probleme der Gegenwart mit eingeflochten."

Jetzt hatte Stüttgen die verschränkten Hände gelöst und auf die Armlehnen gelegt.

„Die ganzen Aktivitäten nicht zu vergessen: vom Flötenkreis über das Büchereiteam bis zur Altpapieraktion; Dritte-Welt-AK, Friedensgruppe – hat in letzter Zeit nachgelassen –, Bibelkreis, Freizeiten für Konfirmanden, Seniorenclub, ökumenische Runde, Reisen zu Stätten der Christenheit, sogar Ikebana für Anfänger ..."

Stüttgen öffnete den Mund, sprach aber nicht gleich.

Mir fiel noch die Yogagruppe ein.

Stüttgen begradigte genervt seinen Schlips. Bemüht freundlich fragte er: „Nehmen wir das einmal als Präludium. Was aber wollen Sie mir sagen?"

„Wenn ich Ihnen mitteilen würde, dass ich schwul bin – was würden Sie mir sagen?"

Stüttgen faltete wieder die Hände auf dem Bauch. Er hielt einen Moment inne und redete dann gestelzt: „Ich würde Ihnen sagen, dass unsere Landessynode auf ihrer letzten Herbsttagung einen Beschluss gefasst hat, dahingehend, homophile Lebensgemeinschaften als vereinbar mit dem Glauben und Bekenntnis unserer Kirche anzuerkennen, wenngleich angemerkt wurde, dass der biblische Befund nicht eindeutig ist. Das gilt selbstverständlich auch für jene, die im Pfarramt tätig sind, wobei in diesem Falle auf die Gegebenheiten der Gemeinden Rücksicht zu nehmen ist." Er unterbrach sich, schluckte, als suchte er nach dem richtigen Fortgang. „Was allerdings das Auftreten dieser Neigung innerhalb einer Ehe betrifft, also wenn die entsprechende Person bereits verheiratet ist ..."

Gern hätte ich ihn ein wenig zappeln lassen, denn der eloquente Fürst kam doch ins Schwimmen. Ich aber fiel ihm ins Wort: „Schon gut. Ich bin nicht schwul. Vor zwei Monaten haben meine Frau und ich Silberhochzeit gefeiert. Wir lieben uns immer noch."

Stüttgens Gesichtsausdruck sprach Bände.

„Was würden Sie sagen, wenn ich mich als Alkoholiker outen würde?"

Stüttgen befand sich wieder auf sicherem Terrain, das war seiner Antwort anzumerken: „Ich würde Sie an eine unserer Beratungsstellen verweisen, Ihnen eine Entziehungskur anraten und Ihnen versichern, dass die Landeskirche Sie nicht im Stich lässt. – Aber, werter Bruder Becker, glauben Sie mir, hier haben schon Pfarrer gesessen, die Alkoholiker waren. Die machten einen anderen Eindruck als Sie." Jetzt waren seine Arme verschränkt.

„Stimmt. Ein Letztes: Müsste ich mich wegen einer Straftat verantworten ..."

„... würde ich Sie auffordern, zu Ihrer Verantwortung zu stehen. Darüber hinaus ist jeder Einzelfall zu prüfen. – Becker! Was für ein Spiel soll das sein? Pfarrer sind Menschen wie andere auch. Muss ich Ihnen das sagen? Pfarrer können fehlgehen, ihre Ehen scheitern, sie verlieren ihren Weg – nichts Menschliches ist denen fremd, die im Pfarramt der Kirche dienen. Sie sind nicht hierher gekommen, um sich das von mir sagen zu lassen?"

Ich gestehe, in diesem fast verärgerten Zustand gewann der Mann an Format. Seine Hände lagen nun, zu lockeren Fäusten geballt, auf dem Schreibtisch.

„Sie haben Recht." Ich seufzte unbewusst; es war mir peinlich, weil es dem, was ich zu sagen hatte, einen pathetischen Anstrich gab, den ich vermeiden wollte. „Sie haben Recht. Ich will nicht allgemein sprechen, von irgendjemandem, sondern von mir. Eben erzählte ich von der mittlerweile angestaubten Theologie, die Christus als Clown innerhalb der modernen Welt verstand. Mir wurde mit der Zeit klar: Der Clown bin ich! Zunächst schob ich meine Zweifel auf die Unvereinbarkeit der Lutherbibel oder der altmodischen Lieder mit der Gesellschaft von heute. Aber auch zeitgenössische Übersetzungen oder religiöse Poplieder konnten nicht darüber hinwegtäuschen, dass es um etwas anderes ging: nämlich um den Glauben selbst."

In diesem Augenblick klopfte es. Die Sekretärin brachte Kaffee, von süßem Parfümduft umweht. Der Kaffee tat gut, aber ich bedauerte doch, unterbrochen worden zu sein, nachdem ich endlich einen Schritt zum eigentlichen Thema getan hatte.

Stüttgen blickte ganz unverhohlen auf die Uhr. Ich solle zur Sache kommen, forderte er mich auf. Das empfand ich als dreist, waren doch höchstens fünfzehn Minuten vergangen, und in der Regel hielten sich die Herren eine halbe Stunde für die Bittsteller frei. Stüttgens Geduld war also erschöpft, und ich musste auspacken. Auch gut.

Ich sprach leise, was ich gar nicht vorhatte: „Zur Sache: Ich habe meinen Glauben an Gott verloren."

„Haben Sie schon einmal mit der psychologischen Beratungsstelle für Seelsorger Kontakt aufgenommen?" – Ganz der Manager! Er rückte seine Brille zurecht, obwohl sie gar nicht schief saß.

Ich machte Stüttgen darauf aufmerksam, dass es sich nicht um ein psychologisches Problem handle. Beim Abwägen aller Argumente für und wider die Existenz Gottes sei ich zu dem Ergebnis gekommen, dass es keinen Gott gebe.

Wie lange ich diese Haltung schon besitze, wollte er wissen. Ich zögerte mit der Reaktion, weil es mir unangenehm war, gab dann schließlich zu: „Etwa drei Jahre."

Der Kirchenmann fragte, warum ich mich nicht schon längst jemandem anvertraut hätte.

„Das habe ich! Mehreren Kollegen, sogar dem Superintendenten. Und wissen Sie, was man mir mit auf den Weg gab? Man kenne das, hieß es, jeder habe das schon erlebt. Das gehe vorüber, einfach weitermarschieren!"

Stüttgen goss sich Kaffee nach. „Und? Sprachen Ihre Schwestern und Brüder im Amt nicht aus Erfahrung? Glauben besitzt man nicht wie eine Ware, er ist ein schlüpfriges Gut, er ist Geschenk ..."

„Glauben ereignet sich augenblickhaft!", fügte ich lachend hinzu, womit ich nur eine tatsächlich gebräuchliche Sichtweise der Theologie aufgegriffen hatte. „Ich halte das für eine vornehme Art des Selbstbetruges. Glauben Sie an Grüne Männchen auf dem Mars?"

Stüttgen reagierte nicht.

„Na also. Und genauso wenig glaube ich an Gott."

„Das nehme ich Ihnen nicht ab."

Natürlich hatte ich übertrieben, brachte es aber nicht fertig, ihm zuzustimmen. Ich erwähnte ein paar Argumente der klassischen Religionskritik, etwa, dass Gott Produkt unserer kindlichen Phantasie sei, aber Stüttgen meinte ganz geschäftlich, ob es wirklich meine Absicht sei, in dieser Stunde Feuerbach oder Freud oder auch Gottesbeweise zu diskutieren. Wo jetzt das Problem sei, das ihn betreffe.

„Folgerichtig quittiere ich meinen Dienst."

Stüttgen schob den Unterkiefer ein wenig vor. „Sie wollen Ihr Pfarramt niederlegen? Haben Sie eine andere Anstellung in Aussicht?"

„Nein."

„Bitte? Wie stellen Sie sich das denn vor? Verzeihen Sie, wenn ich so frage, es liegt mir fern, mich da in Ihre persönlichen Angelegenheiten einzumischen; aber ein Mann in Ihrem Alter hat es schwer auf dem Arbeitsmarkt."

„Das weiß ich."

„Was halten Sie davon, einen ausgedehnten Urlaub zu nehmen, vielleicht ein ganzes Sabbatjahr? Man könnte auch verhandeln, dass Sie für, sagen wir mal, drei Jahre vom Amt freigestellt werden."

Mich rührte sein Bemühen, mir entgegenzukommen, aber er verstand nicht.

Ich schüttelte den Kopf: „Ich kann nicht mehr. Ich will nicht mehr. Es gibt keinen Gott." Jetzt hatte ich die Hände auf dem Bauch gefaltet, weil ich nicht wusste, wohin mit ihnen, so zappelig war ich auf einmal.

Stüttgen war aufgestanden, stellte sich hinter seinen hohen Ledersessel, sah mich an, als wolle er mich aufrütteln: „Mensch, Becker, Sie wollen alles aufgeben, das Amt, die soziale Absicherung, nur weil Ihnen der Glaube flöten gegangen ist? Etwas mehr als zehn Jährchen noch, und Sie werden pensioniert! Sie wissen doch nicht, worauf Sie sich da einlassen. Nehmen Sie doch Vernunft an!"

Ich war auch aufgestanden. „Das ist ja mein Problem, Herr Oberkirchenrat: Ich habe zuviel davon angenommen."

Kurzum, ich nahm mir eine Woche frei und fuhr nach Lüsen in Südtirol. Dort ging ich wandern und trank abends in meiner kleinen Pension kräftigen Rotwein. Auf der Rückfahrt im Zug machte ich schon wieder ein Konzept für die Konfirmandenfreizeit im Herbst und notierte Gedanken für die Sonntagspredigt.

Was sind schon zehn Jährchen?

It could be worse

Offen gestanden, ich fand den Titel ihrer Rede bescheuert; so unangemessen geschwollen: „Irland – eine Übungsstunde für das zufriedene Leben", oder was ähnlich Schwülstiges. Meine Freundin Katharina, die sich selbst altertümelnd „Käthe" zu nennen pflegte, hatte mich zu ihrer Ansprache nach Düsseldorf eingeladen. Damit sollte am Abend eine Amateurfoto-Ausstellung in einem evangelischen Gemeindezentrum eröffnet werden. Da ich damals noch nie in Irland gewesen war, reizte mich dieser Termin nicht sonderlich, doch ich wollte Käthe nicht enttäuschen. Wir hatten uns im sächsischen Pirna zufällig kennen gelernt. Es gab eine kurze, heftige Romanze mit einem schmerzhaft-dramatischen Ende. Kurzum, die besten Voraussetzungen für eine lebenslängliche Freundschaft.

Erst erwog ich, mit dem Auto von Sankt Augustin bei Bonn nach Düsseldorf zu fahren, entschied mich dann aber für die Bundesbahn: Zwar nicht unerheblich teurer, aber ruhiger und bequemer wollte ich mein Ziel erreichen. Und für einen späten Freitagnachmittag war diese Reisevariante auch sicherer, da man nie weiß, was sich auf den Autobahnen so tut.

Zum Kaffee war überraschend mein Freund Uwe erschienen. Wir diskutierten heftig, warum das süße Hefebrot mit Rosinen von den einen „Stuten", von den anderen „Blatz" genannt wird, wobei Uwe irrigerweise darauf bestand, es heiße „Platz", mit „P". Unbelehrbar! Um des lieben Friedens willen einigten wir uns auf „Zopf". Dabei war das mit guter Butter und bitterer Orangenmarmelade beschmierte Gebäck kastenförmig gebacken und nicht geflochten. Aber ich will ja nicht kleinlich sein.

Ich blickte schon ständig auf meine Uhr und saß in Start-position, um mich auf den Weg zum Bahnhof zu machen. Dann wechselten die Themen der Diskussion schnell. Wir kommentierten genüsslich des Innenministers Verspre-cher im Bundestag, der vor laufenden Kameras von der „Grundesrepublik" gesprochen hatte und anscheinend das „Bundgesetz" meinte. So doll fesselte mich das dann aber doch nicht. Es war Zeit, sich aufzumachen. Als mei-ne Frau die Küche verließ, um ans klingelnde Telefon zu gehen, tuschelte mir Uwe noch etwas von tantrischen Ex-zessen zu: neue Methode, unglaubliche Erlebnisse und so. Ich musste mich trotz Neugier loseisen, sprang in meine Schuhe und zerriss im Eifer den rechten Schnürsenkel. Verdammt nochmal. Rumgefummelt, im Laufen die Ja-cke zugeknöpft, zur Haltestelle gehastet. Die Straßenbahn stand noch da, öffnete für mich jedoch nicht mehr ihre Tü-ren und zuckelte ruhig von dannen. Ich begriff in diesem Augenblick die Bedeutung der Redewendung: „Vor der Nase weggefahren".

Ich fluchte verständlicherweise der Deutschen Lieblings-schimpfwort (das trotz Rechtschreibreform mit „ß" ge-schrieben wird), besann mich aber schnell und dachte nach: Mit der nächsten Bahn hätte ich auf dem Bonner Hauptbahnhof genau zwei Minuten Aufenthalt, um in den Zug zu gelangen. Würde ich den Zug verpassen, bräuchte ich gar nicht mehr weiter zu fahren. Bis ich dann in Düs-seldorf wäre, hätte die „Übungsstunde für ein zufriedenes Leben" längst ein Ende gefunden.

Die nächste Bahn hatte sogar noch eine Minute Verspä-tung. In Bonn blieben mir also 60 Sekunden. Wie ein Ir-rer raste ich durch den Bahnhof, suchte auf dem Fahrplan nach der Bahnsteignummer. Als ich noch durch die Unterführung rannte, hörte ich den Lautsprecher: „Bitte Vorsicht an Gleis 1, der Zug fährt sofort ab. Türen schließen selbsttätig." Ich nahm jede zweite Stufe der Treppe, kam oben an und – durfte mich vom Schicksal begnadet sehen. Genau an dem Treppenaufgang, an dem ich nach oben kam, stand der Schaffner an der einzigen noch offenen Zugtür. Ich schlüpfte hinein und schon fuhren wir los. Geschafft!

Ich suchte mir ein ruhiges Plätzchen, atmete tief durch und beruhigte mich. Dann zog ich meine Lektüre aus der Jackentasche. Zur Einstimmung hatte ich mir Bölls „Irisches Tagebuch" mitgenommen. Unterhaltsam, muss ich zugeben. Ich konnte die Seiten wie Honigjoghurt wegschlabbern. Wir hielten in Köln. Ich grüße nickend den Dom. Es ging weiter. Herrlich, was ich da über die Seele von Maikel O-Niel gelesen hatte, über das Bier, die Frauen und den Katholizismus der grünen Insel. Beim Kapitel „Redensarten" musste ich schmunzeln: „It could be worse" – „Es könnte schlimmer sein", sagen die Iren wohl bei allen passenden und unpassenden Gelegenheiten. So zumindest Böll. Bestimmt würde Käthe ihn zitieren. In diesem Augenblick vernahm ich die Durchsage aus dem Lautsprecher: „Verehrte Fahrgäste, in wenigen Minuten erreichen wir Solingen-Ohligs." Hä? Ich sah verdutzt aus dem Fenster: Hier sah es nicht aus wie in den Düsseldorfer Vorstädten. Das durfte doch wohl nicht wahr sein!

Ich gabelte eine freundliche Kontrolleurin auf: „Ja, Sie hätten in Köln umsteigen müssen", belehrte sie mich. „Aber, hören Sie doch", protestierte ich, „diese Strecke fahre ich doch seit Jahren, ich bin noch nie in Köln umgestiegen." Aber da kamen wir auch schon an und ich musste aussteigen.

Verärgert suchte ich einen Fahrplan, kaufte als ängstlicher Mensch eine Fahrkarte nach Düsseldorf und grummelte mir Löcher in den Bauch. Käthes Vortrag begann jetzt. Auf der Strecke nach Düsseldorf schenkte mir aber dann doch die irische Redensart meinen Frieden wieder: Es hätte ja wirklich schlimmer kommen können. Der Zug war nicht entgleist, niemand hatte mich beraubt und der Irrtum war mir nicht erst in Magdeburg aufgefallen.

In Düsseldorf leistete ich mir ein Taxi und als ich den Gemeindesaal betrat, sagte Käthe gerade „Ich danke Ihnen", und wurde mit rauschendem Beifall bedacht. Ich begrüßte sie herzlich, und in der stillen Hoffnung, sie hätte mein Fehlen gar nicht bemerkt, lobte ich: „Ich glaube, meine liebe Käthe, ich habe etwas von dem verstanden, was du uns sagen wolltest."

Sie grinste zwinkernd: „Du Schlingel, du warst doch gar nicht da!"

Ich senkte verlegen den Kopf. „Der Zug, weißt du ...", druckste ich herum.

Und bevor mir etwas Passenderes zu sagen einfiel, nahm sie mich an der Hand, führte mich in Richtung Büffet und sagte nur: „Ach, macht doch nichts. Weißt du, die Iren sagen in solchen Fällen ..."

„... it could be worse."

Da lächelte sie mir zu, und ich lächelte zurück.

Dirks Dienstag

Dirk schaut mürrisch in den Spiegel auf sein schlafzerknittertes Ebenbild. Er weiß schon, dass dieser Tag nichts werden kann. Schon gar nicht mit diesem Gesicht. Er ist unerfreulich bleich, bis auf die gerötete Augenpartie. Die Nacht ist wieder zu kurz gewesen; das Einschlafen fällt ihm schwer, seit er alleine lebt. Ein halbes Jahr ist es her, dass seine Frau – seine Ex- – ausgezogen ist.

Er rasiert ein bisschen herum, nimmt am Kinn eine Kurve zu schnell und schneidet sich. „Das auch noch", schimpft er. Erst versucht er, das Blut mit dem Rasierschaum zu stoppen, dann mit einem Stückchen Klopapier. Aber es hilft nichts, es war ein saftiger Schnitt. Also sucht er ein Pflaster und findet keines.

„Wo sind denn die blöden Dinger? Die hat sie bestimmt auch noch mitgenommen, das Miststück!", grollt er. Genauso wie „ihre" Bettwäsche, „ihren" Schnellkochtopf, „ihr" Besteck ... Mit einemmal war alles nur noch „meins" und „deins" gewesen. Nichts mehr „unser". Alles eingesackt und zusammengepackt. Gütertrennung nannte man das wohl. War es schade um so eine?

Er wühlt den Badezimmerschrank durch. Da sind die Pflaster, da, wo sie immer gelegen haben: neben dem Fläschchen mit Hustensaft. Er rasiert sich fertig. Als er das Rasierwasser zuschrauben will, das heute besonders brennt, fällt ihm das Deckelchen hinunter. Es rollt über die Fliesen bis in die Ecke unterm Klobecken.

Dirk geht fluchend zu Boden. Man muss das Zeug zuschrauben, sonst verdunstet es. Wo war denn dieser Scheißdeckel?

Er liegt unterm Abflussrohr, in dem unappetitlichen Gewölle aus Staub und Haaren, das sich in den letzten Monaten da angesammelt hat. Oh doch, er putzt, er wischt auf, so gut er kann. Er hat ja immer mal wieder Besuch im Haus. Aber so richtig da hinten herumgekrochen ist er bislang noch nicht.

Er greift mit spitzen Fingern nach dem Deckel. Da liegt noch etwas unter dem Klo; es muss schon länger da liegen und ist ziemlich dreckig.

Die Maus. Es ist die Maus aus der Fernsehsendung, ein kleines Plastikfigürchen, es muss einem der Kinder heruntergefallen sein. Er fischt die Maus aus dem Dreck und spürt, wie sich in seinem Hals ein Kloß bildet.

Als er rückwärts aus der Ecke kriecht, rammt er mit dem Kopf das Waschbecken von unten. Der Schmerz treibt ihm die Tränen in die Augen. Er setzt sich auf den Klodeckel und stöhnt. Manchmal kam alles zusammen, alles auf einmal. Die Kinder. „Ihre" Kinder, natürlich. Sie hatte sie mitgenommen. Er streichelt die Maus mit der Fingerspitze. Sonntagmorgens hatte man sie angesehen, zusammen. Als alles noch in Ordnung war. Als noch Leben und Lachen im Haus waren. Als noch Fußballspielen war, und Gute-Nacht-Geschichten vorgelesen wurden. Vorbei. Aus die Maus. Er hatte sie sich einmal angesehen, ganz allein, ohne die Jungens auf dem Schoß ... Es war schrecklich gewesen.

Dirk hockt zusammengesunken auf dem Klodeckel. Es ist still in der Wohnung. So still, dass er den Heizkörper knacken hört. Anfangs hat er die Ruhe noch genossen, die freie Zeit. Aber jetzt reißt diese Leere Löcher auf, in die er manchmal hineinfällt. Zum Beispiel, wenn er mit dem Kasten Bier und der Flasche Himbeergeist allein ist... Irgendwann ist ihm aufgefallen, dass er Selbstgespräche führt. Seither fragt er sich manchmal, ob er allmählich verrückt wird.

Mit einem Seufzer rafft er sich schließlich auf. Er spült die Maus unterm Wasserhahn ab, postiert sie auf der Ablage zwischen Deo und Zahnpasta und hält sich dabei für einen sentimentalen Trottel.

Er geht in die Küche, schüttet sich Milch in eine Schüssel. Sie riecht stark säuerlich. Dirk flucht. Er überlegt kurz, ob man Cornflakes mit Saft anmachen kann. Kein Saft im Haus. „Saftladen", denkt Dirk. Als er das Haus verlässt, nimmt er die Zeitung aus dem Briefkasten und wirft sie draußen in den Altpapiercontainer.

Der Tag kann gar nicht gut gehen: vormittags sieben Schüler, darunter dieser Englischlehrer, der ihm noch den Verstand raubt. Will mit 53 noch den Führerschein machen. Kapiert nichts. „Kupplung langsam kommen lassen. Laaangsam!" Dirk überlegt, ob er den Lehrer an seinen Kollegen abgeben soll. Dagegen ist die Musikstudentin wirklich amüsant. Kann links und rechts nicht auseinanderhalten. Ach, das können ja manche nicht. Ob er die Studentin mal zum Abendessen einladen soll? Die ist bestimmt längst vergeben. Verdammt: am Nachmittag auch noch Prüfungen. Mit diesem Ekel-Prüfer, der so belehrend grinst, wenn einer durchgerasselt ist. Zum Glück sind von ihm nur drei Leute dabei.

Dirk geht in eine Bäckerei und kauft belegte Brötchen und ein Schweinsöhrchen. Als die Verkäuferin den Betrag nennt, fällt ihm ein, dass Blätterteig so schrecklich bröselt. Das ist während des Fahrens unpraktisch. Obwohl er nur Beifahrer ist. Aber aufpassen muss er ebenso gut, als führe er selbst. Also nimmt er ein Mandelhörnchen. Er bezahlt. Als sich die Verkäuferin schon der nächsten Kundin zugewendet hat und für sie ein Brot in Papier einschlägt, fällt ihm ein, dass er nichts zu trinken hat. Mittlerweile hat sich aber eine Schlange gebildet. Da will er sich nicht noch einmal anstellen.

Er verlässt den Laden und geht zum Auto. Von sechs bis halb acht noch Theorie. Zum hundertsiebenundfünfzigsten Mal erklären, wie weit etwas nach hinten aus einem Fahrzeug herausragen darf. Nicht drei Meter fünfzig, nein, einen Meter fünfzig. Jetzt am besten alle im Chor: Einen Meter fünfzig! Und bei mehr als einem Meter durch eine rote Fahne kennzeichnen. – Potenzierte Langeweile.

Er kommt an einem Kiosk vorbei und kauft einen Liter Kakao. Vor ihm liegt die Ewigkeit des Dienstags: „Nächste links ab", „Vorsicht: Rechts vor Links!", „In den Rückspiegel schauen, herrje, wie oft soll ich das noch sagen?"

Naja, geht auch vorbei.

Das größte Kompliment

Mein Sohn Lukas und ich waren unterwegs zur Grundschule, um den Kleinen dort anzumelden.

„Ich will nicht in die Schule!", sagte der Knirps.

„Aber willst du denn nicht lesen und schreiben lernen?", fragte ich.

„Nein, will ich nicht."

Augenzwinkernd erwiderte ich darauf: „Wie schade. Ich dachte, du würdest später einmal meine Bücher lesen wollen."

Der Kleine schwieg einen Moment, sah mir fest in die Augen und rang sich zu dem Zugeständnis durch: „Also gut, lesen lerne ich, deinetwegen – aber Schreiben nicht!"

Ostseegold

Das Meer hat nie Feierabend, dachte sich Gabi. Immerzu ist es in Bewegung, rollen die Wellen auf und ab. – Sie stand im weichen Sand am Strand; wenn das Wasser kam, rann es kalt und frisch über ihre nackten Füße. Floss es wieder zurück, dann war ihr, als versänke sie, als würde der Boden unter ihren Füßen schmelzen. Und so fühlte sie sich auch: ohne festen Halt.

Dieser Urlaub hier in Zoppot sollte Klarheit verschaffen. Rainer hatte das beste Hotel am Platze ausgesucht, das Grand. In diesem traditionsreichen Haus direkt an der Danziger Bucht, so war im Reiseführer zu lesen, hatten schon Hitler, Fidel Castro und Charles de Gaulle genächtigt. Und nun ein Paar, das vielleicht am Ende des gemeinsamen Weges angelangt war. Ihr Zimmer hatte keinen Meerblick.

Gabi bückte sich ab und zu, weil etwas glänzte wie Bernstein. Aber es waren immer nur Glasscherben, denen der Sand die scharfen Kanten glatt geschliffen hatte. Rainer ging neben dem feuchten Übergang von Meer und Strand ein paar Schritte vor ihr her, und weil sie zwischendurch anhielt, um nach den angeschwemmten Steinchen zu greifen, wurde ihr Abstand immer größer. Es waren kaum Leute unterwegs an diesem Abend. Die Touristen flanierten jetzt über die Mole.

Er riecht nach Whisky, dachte sie sich. Und der war doch teuer hier. Aber Wodka mochte er nicht, und Gabi konnte schlecht damit umgehen, dass er dafür so viel Geld ausgab. Dieses ganze aufgetakelte Hotel war ihr schon nicht recht; Stuck an den Decken, goldverzierte Treppengeländer und Sessel mit Samtbezug, sie fand das affig. Aber er hatte es ausgesucht, er zahlte.

Rainer war ein ganzes Stück von ihr entfernt stehen geblieben, stemmte die Hände in die Seiten und bog den Rücken weit zurück, um sich dann mit einem Wehlaut wieder aufzurichten. Gabi beobachtete ihn. Rainer hatte die Augen zu Schlitzen geschlossen und blickte zurück in Richtung Mole, auf der jetzt die Laternen wie Fähnchen im Wind schwankten. – Wir müssen irgendwie weiterkommen, ging es Gabi durch den Kopf.

Dafür waren sie beide ja hier, um miteinander in Ruhe zu sprechen, ohne Kinder, ohne Haushalt und Büro. Aber sie war doch zu müde, das entscheidende Gespräch zu beginnen. Sie wusste, dass es auch undramatische Trennungen gab. Die Partner gingen still auseinander, und fertig.

Gabi näherte sich ihm schlendernd.

„Hast du gesehen? Im Hotel gibt es ein Spielcasino", sagte Rainer, ohne sie anzusehen. „Und gestern Abend in der Bar kamen um elf die Nutten und boten ihre Dienste an. Hast du Lust?"

Gabi lächelte bitter. Sie hätte jetzt fragen müssen, was er meinte, das Kasino oder die Huren, aber ihr waren solche Zweideutigkeiten zuwider. Warum machte er das?

Rainer nahm aus seiner Jackentasche eine Brasilzigarre, die in ein Metallröhrchen eingepackt war, um vor dem Zerbrechen geschützt zu sein.

„Bitte nicht", sagte Gabi freundlich. Sie fand den Rauch abscheulich und mochte sich Rainer nicht nähern, wenn er nach Qualm roch. Kein Kuss danach, kein Sex, aber die beiden hatten sich ohnehin entfremdet. Der Körper des anderen war ihnen wie ein Land, das sie vor langer Zeit einmal bereist hatten.

Rainer öffnete die Zellophanhülle und nahm die Zigarre in den Mund. Jetzt erst sah er sie an. Keine Miene verzog er, nahm die Zigarre zwischen Ring- und Mittelfinger der rechten Hand, wie es sein Großvater immer gemacht hatte. Er kokettiert gern mit dekadenten Allüren, fand Gabi.

Der Mann ging gemächlich weiter, die Zigarre, nicht angezündet, in der Hand. Gabi holte auf und beide machten schweigend ein paar Schritte nebeneinander. In der Bucht bretterten drei Motorboote mit lautem Getöse an ihnen vorbei, als würden sie ein Rennen fahren.

„Ich muss dir etwas sagen", sagte Rainer und blieb wieder stehen.

Gabi lachte auf. „So fangen Bekenntnisse an."

Rainer zeigte sich unbeeindruckt von ihrer Reaktion. Er klemmte die Zigarre zwischen die Lippen, kramte ein Feuerzeug hervor und hatte Mühe, hinter der vorgehaltenen Hand die Zigarre anzuzünden. Endlich stieß er dicke, weiße Wolken aus.

Jetzt bin ich aber gespannt, durchfuhr es Gabi. Eben noch hätte sie gewettet, sie seien das erste Paar, das einander einfach Lebwohl sagt und friedlich seiner Wege zieht. Und jetzt ein Bekenntnis! Eine Geliebte? – Sie war bereits neugierig, und bevor ihr Mann etwas sagen konnte, mischte sich schon das schmerzhafte Gefühl des Betrogenseins mit leichtem Kopfschmerz. An den Beinen spürte sie Gänsehaut und verlagerte ihre Spur auf den Sand, wohin die auslaufenden Wellen nicht mehr kamen. Die Augen weit offen, den Kopf etwas zur Seite geneigt, fragte sie: „Und?"

Rainer sog an der Zigarre, hielt den Rauch für einen Augenblick im Mund und ließ ihn dann ausströmen.

„Das ist eine Davidoff." Seine Stimme klang stolz, er hielt

die Zigarre in Gesichtshöhe und nickte grinsend.

„Davidoff oder Aldi, das Zeug wird dich noch umbringen. Und mich nervt es. Also, was willst du mir sagen?" Aus Gabis Stimme war ihre Gereiztheit deutlich herauszuhören. Sie setzte sich hin, rieb die restliche Nässe mit Sand von den Füßen ab, zog Strümpfe und Schuhe an, die sie bisher in der Hand getragen hatte.

„Da sind wir ja mitten im Thema." Rainer zog die Nase hoch, strich mit dem Finger der linken Hand über den Bart, nahm wieder einen Zug von der Zigarre. „Ich war bei Dr. Voß."

Gabi kniff die Augen zusammen. Sie begriff überhaupt keine Zusammenhänge. Sie war wieder aufgestanden und sah ihn fordernd an. „Nun mach's doch nicht so spannend."

„Also gut, ich habe Krebs." Rainer stand etwas nach rechts in Richtung Mole gewandt, von seinem Gesicht war in der Dunkelheit nichts zu sehen, nur die rote Glut der Zigarre.

Der Druck in Gabis Kopf hämmerte. „Was?" Sie zog das Wort in die Länge.

„Ich bin wegen meiner dauernden Rückenschmerzen hingegangen. Er hat Aufnahmen gemacht und ist sich sicher, dass da was ist." Erst, nachdem er das gesagt hatte, wandte er sich ihr zu.

„Warum hat man dich nicht gleich dabehalten?" Sie berührte ihn am Ellenbogen.

„Wollten die ja. Aber ich wollte nicht. Ich wollte hierher. Wer weiß, ob ich noch einmal Gelegenheit dazu habe."

„Sag das doch nicht." Gabi musste schniefen, hatte aber kein Taschentuch. Wortlos reichte Rainer ihr eins.

„Es wird kalt, lass uns umkehren." Rainer wies mit dem Kopf in Richtung Hotel, das fett und behäbig in der Biegung der Bucht thronte.

Gabi hakte sich bei Rainer unter. „Wie ernst ist es?", fragte sie mit einer Anteilnahme, die sie selbst überraschte. Ihr Mann ein Krebspatient? Das wäre das Letzte, womit sie gerechnet hatte. „Du machst doch keinen dummen Witz, oder?"

Rainer pustete ihr eine Ladung Qualm ins Gesicht. Sie hustete protestierend.

„Am Tag nach unserer Rückkehr gibt es mehr Klarheit. Aber Voß deutete schon an, es könne bitter werden."

Unbewusst schüttelte Gabi den Kopf. Mit allem hätte sie gerechnet, aber damit? „Lass mich mal ziehen", bat sie.

Rainer löste sich von ihrem Arm und hockte sich hin. Er griff in den Sand, der vom zurücklaufenden Wasser noch klitschnass war. Mit dem Daumen wischte er den klebrigen Sand weg, spülte seinen Fund im Wasser.

„Glas." Gabi verzog das Gesicht, aus Nase und Mund strömte Zigarrenqualm.

Als wolle er eine Zigarre anzünden, verbarg Rainer seinen Fund in der linken Hand und hielt die Flamme des Feuerzeugs daran. Es duftete nach Harz.

Zelebrierter Kummer

„Ich befinde mich in einem Stilleben", dachte er sich schmunzelnd. Und in der Tat: der Raum war in warmes Kerzenlicht getaucht, Bachs Kunst der Fuge mühte sich aus den Boxen, der Cognac im Glas verbreitete seinen Duft. Ein offener Lyrikband von Anna Achmatova lag auf dem Kanapee – und zu allem Überfluss konnte man durchs Fenster am nächtlichen Himmel die Mondsichel sehen.

„Zu schön, um wahr zu sein", seufzte er. Dabei war das alles real, ebenso wirklich wie die schlechte Luft im Zimmer (da die Kerzen den ganzen Sauerstoff verbrauchten).

Real war auch der brennende Durst nach dem vielen Alkohol, war schließlich die Tatsache, dass seine Frau fremdging. Doch in einer modernen Ehe war ja Freiheit Trumpf.

„Gott!" schrie er lautlos. Aber wenn Gott schon in Auschwitz auf Besetztzeichen geschaltet hatte, warum sollte er sich ausgerechnet in diesem geradezu barocken Ambiente zu Wort melden? Und wenn er es tatsächlich getan hätte, was wäre ihm zu sagen übrig geblieben? Vielleicht: „Kopf hoch, Junge, wird schon wieder?" Bestimmt hätte Gott ihn noch seiner ewigen Liebe versichert.

„Erbarme dich", raffte er sich auf, während er zum Glas griff. Die erste Kerze erlosch, der Mond war plötzlich hinter Wolken verschwunden, die Bachschen Fugen schleppten sich dahin, und er sich nach einem letzten Schluck ins Bett. Wirre Träume würden ihn erwarten, das wusste er. Aber er wollte doch schlafen, bevor seine Frau nach Hause kommen und ihm einen Kuss geben würde, gerade so, als wäre es das Normalste auf der Welt.

Abschiedslust

Als Leo vom Turnen heimkommt, liest Sabine noch im Wohnzimmer. Einen Schwedennkrimi.

„Na, wie war's?" Sie lächelt ihn an. Das irritiert Leo.

„Wie soll's gewesen sein", versucht er möglichst gleichgültig zu antworten. „Geturnt haben wir, und dann noch ein Bier getrunken. Wie jeden Mittwoch."

„Setz dich noch ein bisschen zu mir." Sabine weist einladend auf den Platz neben sich.

Was soll's, denkt Leo und setzt sich. „Ist irgendwas?"

„Du Stoffel, was soll denn sein? Ich möchte halt ein bisschen hier neben dir sitzen."

„Mmh!" macht Leo. Es klingt wie ein „Aha" mit geschlossenem Mund.

Eigenartig, aber gerade jetzt fallen ihm die Spinnweben in der Zimmerecke auf, die er sonst nie wahrgenommen hat. Er wendet sich seiner Frau zu. Sabine schaut ihm in die Augen und küsst ihn zart auf den Mund. Nein, nicht schon wieder das, durchzuckt es Leo; ihr Körper ist herrlich, die Lust wunderbar. Aber jede genossene Nacht muss er teuer bezahlen – mit wochenlanger Krise. Das ist so. Erfahrungssache. Weiß der Himmel, warum. Vielleicht lassen die nächtlichen Phantasien von Einigkeit und Nähe die Distanz tagsüber nur umso deutlicher, schmerzlicher erscheinen.

Sie gehen in sein Zimmer, sie holt ihr Bettzeug aus ihrem. Im Dunkeln ziehen sie sich aus. Die Zärtlichkeit hat etwas Mechanisches, die Leidenschaft währt kurz. Sie liegen schweigend nebeneinander.

„Ich habe keine Lust mehr!" Leos Stimme klingt hart.

Ruckartig dreht er sich um und wendet seiner Frau den Rücken zu.

Sabine zieht rasch die Decke über ihren nackten Leib. Tränen schießen ihr in die Augen. „Was soll das schon wieder heißen? Vor einer Viertelstunde hattest du doch noch reichlich Lust."

„Ich meine nicht diese Lust." Leo hat die Augen geschlossen, spricht jetzt leise und ruhig gegen die Wand.

„Ich werde noch verrückt mit dir." Sabines Stimme zittert erregt. „Eben noch haben wir so schön miteinander geschlafen, und jetzt sagst du, du hättest keine Lust mehr ... Ich werde noch verrückt!"

„Wenn's dich beruhigt: Ich bin es schon." Mit einemmal setzt er sich aufrecht hin und sieht Sabine scharf an; seine Frau zieht verschreckt die Decke über den Kopf, Leo reißt sie ihr weg. Sabine blickt ängstlich, als fürchtete sie, er wolle sie schlagen.

„Guck doch nicht so blöd, als wollte ich dich verhauen." Verärgert knirscht er mit den Zähnen.

Sabine starrt regungslos an die Decke.

Der Mann dreht sich wieder zur Wand. Er spürt starken Durst. „Ich werde eben das Gefühl nicht los, du schläfst mit mir, um mich ruhigzustellen. Eben noch die Katastrophe, dann eine schnelle Versöhnung mit einer lustvollen Nacht. Und am nächsten Morgen haben wir die gleiche Kacke wie immer."

„Wir brauchen halt Zeit ..."

„Ich kann diese Durchhalteparolen nicht mehr hören!" Leo hat seiner Frau harsch das Wort abgeschnitten. „Geduld, Warten, Zeit, ‚es wird schon wieder', das kotzt mich alles so an." Kräftig, aber fast lautlos, hat der Mann mit der Faust auf die Matratze geschlagen.

„'Es wird schon wieder' habe ich nie gesagt", wendet die Frau beleidigt ein. Das Kind hustet im Kinderzimmer. Beide verharren still; es schläft weiter.

„Ich glaube dir nicht mehr, dass du wirklich etwas verändern willst", erklärt er. „Du kannst doch gut leben mit unserer Situation. Du willst nur, dass ich schön brav bin und dir weniger Probleme mache. Und dafür befriedigst du mich halt ab und zu. Dir geht es doch letztlich nicht um mich, nur ganz allein um dich!" – Gerade ausgesprochen, tun ihm seine Worte schon wieder leid. Er beißt sich auf die Lippe.

Die Frau hat ihre Bettdecke wieder bis unters Kinn hochgezogen. Sie öffnet kaum den Mund; ihre Worte klingen gepresst: „So, ich kann also gut leben mit unserer Situation, ich bin also so glücklich wie nie zuvor!? Ich könnte es mir gar nicht schöner vorstellen? Ich will dir mal was sagen ..." Sie wischt die Tränen mit einem Deckenzipfel weg, stockt, schweigt.

Der Mann wartet gespannt. „Also los, was willst du mir sagen?"

„Nichts." Sabine zögert einen Augenblick. „Nein, ich will jetzt nichts sagen."

„Wann dann, wenn nicht jetzt?" Und zynisch setzt er hinzu: „Sonst bist du doch immer so schrecklich müde. Es ist gerade die richtige Gelegenheit, mal alles auf den Tisch zu legen!" Seine Stimme eifert. Sabine hat die Augen geschlossen. „Was willst du, verdammt nochmal?"

„Ach, was willst du denn?" Sie hat die Augen aufgerissen und starrt ihn durchdringend an.

„Das ist doch keine Antwort." Leo atmet schwer. „Aber bitte, ich sag' dir, was ich will: Ich bemühe mich, dass du mir jeden Tag ein bisschen gleichgültiger wirst" – er macht eine winzige Pause –, „damit du mich nicht mehr fertig machen kannst."

Sabine schlägt langsam und ruhig die Decke zurück, steht auf, nimmt die Kissen unter den Arm und geht zur Tür. Sie dreht sich nicht um. Leo hört, wie sie in ihr Zimmer geht. Er hätte gern geweint. Er findet weder Schlaf noch Ablenkung, aber ihm fällt plötzlich ein, dass er vergessen hat, Erhard das Geld für das Buch zu geben.

„Es geht nicht", sagt er stumm zu sich selbst. „Wir sind zu verschieden. Ich kann so nicht leben, nur für den Augenblick, ohne Zukunft. Ich weiß nicht, ob wir uns noch lieben. Mag ja durchaus sein. Aber wir sind kein Paar. Wir sind keine Partner." Er steht auf und tritt ans Fenster. In der dunklen, mondlosen Nacht kann man nur ein paar Scheinwerfer und Rücklichter von Autos auf der fernen Landstraße sehen, zu hören ist nichts. „Wir sind zu verschieden. Es gibt keinen Neuanfang." Er nimmt sich vor, zu ihr zu gehen, sofort, es ihr genau so zu sagen: „Es gibt keinen Neuanfang."

Um Zeit zu gewinnen, geht er nochmal pinkeln. Er macht kein Licht im Bad. Es ist gegen halb drei. Und morgen ist Konferenz beim Dekan der Fakultät. Er trinkt einen Schluck kaltes Wasser aus dem Hahn, sieht kurz in den Spiegel, doch es ist zu dunkel im Bad, um etwas erkennen zu können. „Es gibt keinen Neuanfang", wiederholt er seine Botschaft.

Er weiß, auch Sabine hat nicht geschlafen, auch wenn sie jetzt so tut, als schliefe sie. Er legt sich vorsichtig neben sie, liegt einige Minuten regungslos da. Mit der Zeit wird es unangenehm kühl. Dann schiebt er sich Zentimeter um Zentimeter unter die warme Decke. Er berührt ihren schier glühenden Körper, zieht aber die Hand sofort wieder zurück. „Es gibt keinen Neuanfang!", wiederholt er in seinem Kopf, ohne es auszusprechen. Er hört sie schneller atmen.

Leo schluckt, liegt still da. Wieder streckt er seine Hand aus, lässt sie bewegungslos auf ihrer Seite liegen. Er will sprechen, seine kurze Abschiedsrede halten, damit endlich Klarheit herrscht. „Ja", denkt er noch, „endlich Klarheit. – Sabine, wir müssen ehrlich sein, endlich ehrlich, es gibt keinen ..." Die letzten Worte will er eigentlich laut ausgesprochen haben, doch sein Mund steht tonlos offen. Leo schluckt. Ganz langsam und vorsichtig streichelt seine Hand sanft über ihren Rücken. Und statt seines Abschiedssatzes hört er sich selbst flüstern, was ihn überrascht: „Du, ich hab' schon wieder solche Lust auf dich."

Sabine sagt einen Augenblick lang nichts. Dann dreht sie ihren Kopf ein wenig in Richtung Mann: „Du bist doch verrückt!"

„Meine Worte." Und endlich kann er heulen.

Sabine streichelt seinen Kopf und sagt dann: „Jetzt geh in dein Bett. Du hast doch morgen deinen Termin beim Dekan. Es ist schon so spät."

„Zu spät."

Edgar Zeitels Heiligabend

Die Geschichte ist schon ein paar Jahre alt. Ich war gerade passend zum Jahreswechsel arbeitslos geworden. Klasse, das sollte ein fröhliches Sylvesterfest werden. Naja, wer konnte schon einen so mittelmäßigen Journalisten wie mich gebrauchen? Die flotten, jungen Kerle waren einfach frecher als ich; das gefiel damals dem Chef, verdammt. Ich bemitleidete mich selbst, und – wie sollte es auch anders kommen – fing mit dem Trinken an. Was soll ich sagen: Ich soff!

Die Beziehung mit meiner Freundin war eh schon angespannt, nachdem ich ein harmloses Techtelmechtel mit einer Redaktionssekretärin gehabt hatte. Wie auch immer: Erst kein Geld mehr, dann der viele Alkohol. Bettina sagte, ich solle mich zusammenreißen. Na, solche Lebenshilfe konnte ich gerade noch gebrauchen! Manchmal war sie streng, kippte den Brandy ins Klo. Und manchmal machte sie auf Schmusekurs. Weißt du, Abendessen bei Kerzenschein, Klaviermusik aus der Stereoanlage, und dann das Gesäusel von einer „richtigen" Familie. Wir sollten doch einfach ein Kind kriegen und ich einen vernünftigen Beruf erlernen! Vielleicht bei einer Versicherung oder so. Es würde alles gut.

Also ehrlich, manchmal nahm' ich's mit Humor, weil Bettina ja echt unheimlich lieb zu mir war. Aber manchmal kotzte mich diese Tour einfach nur an. Ein paar Mal blätterte ich lustlos die Stellenanzeigen durch, vom Misserfolg überzeugt. Niemand schrieb in großen Lettern: „Wir suchen Edgar Zeitel!" Ich mach's kurz: Eigentlich war es dann eine Phase lang wieder o.k. mit Bettina und mir, über Karneval

und so. Ich hatte das Saufen eingeschränkt und das Gere-
de mit dem Baby weggesteckt. Aber dann, es war irgendwann Ende Februar, da sagte sie beim Frühstück ganz ruhig: „Ich glaube, es ist besser, du gehst." Ich stellte meine
Kaffeetasse ab und ging.

Zunächst kam ich bei meinem Freund Hubert unter. War
schon toll, aber nach zwei Wochen wurde uns klar: Wenn
wir die Freundschaft bewahren wollen, muss ich mir eine
andere Bleibe suchen. Aber mit den paar Piepen vom Arbeitsamt war das schon eine Kunst. Also suchte ich mir einen Job, um mir das Leben in einer schäbigen Bude etwas
angenehmer zu machen. Zeitungsausträger wurden gesucht, doch das brachte ich nicht übers Herz. Es hätte mir
meinen journalistischen Stolz gebrochen. Ich kellnerte ein
bisschen, kündigte aber in der miesen Spelunke, als ich die
Anzeige vom Paketdienst las: Fürchterliche Arbeitszeiten,
aber prima Bezahlung. Nur währte das nicht lange, weil
die Bosse elende Ausbeuter waren. Und als ich meinen
Vorgesetzen einmal, was mehr als berechtigt war, einen
Mistkerl nannte, da flog ich fristlos. Wen wundert's?

Es wurde ein beschissener Sommer. Bettina wollte nichts
mehr von mir wissen, ging irgendwann einfach nicht mehr
ans Telefon, beantwortete keine Briefe. Ich wollte doch
nur wissen, warum sie Schluss gemacht hatte. Des Suffs
wegen? Meinen Alkoholkonsum hatte ich schon im Früh-
ling drastisch reduziert, nicht nur meiner Mutter zuliebe.
– Weil ich arbeitslos war? Kann doch wohl kaum sein, dass
sie mir da einen Strick draus drehte. – Wegen des Babys,
das ich nicht wollte, natürlich! Aber bitteschön, in diese
Welt ein Kind setzen? Woran sollte es denn krepieren: An
Krieg, Atomkraftwerksexplosionen, oder was darf's sein?
Nee, nee: Windeln, Geschrei, die Sauerei beim Füttern.

Alles wird von dem Baby-King bestimmt und als Mann ist man sowieso abgeschrieben. Ohne mich.

Ein kurzes, heftiges Abenteuer mit einer neuen Nachbarin verunsicherte mich noch mehr. So konnte es nicht weitergehen. Ich quälte mich zum Arbeitsamt, aber die Beraterin war wenigstens ehrlich: „Wenn Sie was finden wollen, müssen Sie schon selbst suchen." Die gleiche Botschaft bekam ich von meiner Schwester Irmgard. Sie brachte mich auf eine Idee. Früher hatten wir als heranwachsende Jugendliche manchmal zum Spaß große Projekte entworfen, beim Abendbrot oder so. Johannes machte damals eine Schreinerlehre, Irmgard war schon Kauffrau bei Hürten. Das Hirngespinst: Ein großes Bestattungsunternehmen auf die Beine zu stellen. „Gestorben wird immer", sagte Irmgard mit voller Überzeugung, und Johannes reimte: „Praktisch denken, Särge schenken!" Unser Vater war früh gestorben, der Tod gehörte irgendwie dazu und hatte seine scharfen Kanten etwas abgeschliffen. Ja, und mir wurde, weil ich immer schon gerne redete und mich vor Publikum produzierte, die Rolle des Trauerredners zugedacht.

Johannes ist später Lehrtischler in einer Jungenanstalt geworden, und Irmgard hat ihr Zeitungslädchen aufgemacht. Aber zwanzig Jahre nach jenen Zukunftsphantasien band ich mir umständlich eine Krawatte um, zwängte mich in den Abitursanzug, den ich offen lassen musste, und ging mutig zu einem ortsbekannten Beerdigungsinstitut. Ob ich an Gott glaube, weiß ich nicht, aber dieses Mal hatte der Himmel wohl ein Einsehen. Der Chef fand mich sympathisch. Und obwohl ich in Sachen Friedhof außer Messdieneraktivitäten in Kindertagen nichts vorzuweisen hatte, befand er, man könne es doch mit mir probieren. Natürlich auf Honorarbasis, nicht angestellt, sondern nach Auftrags-lage. Kämen ja ohnehin nur die aus der Kirche Ausgetrete-nen in Frage.

Ich saß also in meiner Bude und wartete ungeduldig auf den ersten Einsatz. Eine Woche musste ich ausharren. Endlich: Ein 72-jähriger Amtsrat war abgetreten. Ich sprach mit der Witwe und dem Sohn aus erster Ehe, hielt meine Rede am offenen Grab mit Schwung; alle waren zufrieden, und ich bekam das Honorar cash auf die Hand. Klar, die ersten Male war ich noch aufgeregt, aber das legte sich mit der Zeit. Eine Achtzigjährige, die unbedingt noch um-ziehen wollte in die alte Wohnung; nach einer Woche war sie gestorben. Ein Drucker, Wagner-Liebhaber, der sich tot geraucht, eine Lehrerin, die einfach zu Ende gelebt hatte. Das normalste Schicksal hatte etwas Interessantes!

Im Herbst musste ich mir einen dunklen Mantel zulegen, im November kam schon der erste Nachtfrost. Aber das Geschäft lief prima, ich wurde immer routinierter. Der Dezember war saukalt. Ich dachte kaum noch an Bettina. Manchmal ja, aber nur kurz. Nur in meinen Träumen er-schien sie immer wieder. Sie schien mir zugenommen zu haben. Egal. Finanziell kam ich über die Runden, wenn mir auch klar war, dass ich ja nicht bis zu meiner Pensionierung über die Friedhöfe turnen würde. Aber ich wollte nicht an die Zukunft denken. Nicht an die ferne und nicht an die nahe.

Allerdings sollte man am zweiten Advent langsam über-legen, wo man den Heiligabend verbringt. Die Einladung meiner Mutter lehnte ich dankend ab; es kam mir doch irgendwie zu kindisch vor, ausgerechnet an Weihnach-ten an den heimischen Herd zu fliehen. Hubert hatte eine neue Flamme, da wollte ich nicht stören. Zu Wolfgang und

Evelyne hätte ich kommen können, aber die kochen so unglaublich schlecht, da wartete ich noch auf ein günstigeres Angebot. Ralf machte einen brauchbaren Vorschlag: Er, Thilo und ich würden gemeinsam kochen – Lasagne oder chinesisches Huhn oder Schollen –, dann ein paar Runden Skat kloppen und schließlich trinken bis zum frühen Morgen. Ich sagte zu.

In der Woche vor Weihnachten kaufte ich für Bettina eine schöne Karte, so ein Motiv von Hundertwasser. Ziemlich teuer, das Stück Pappe. Ich wollte irgendwie das Jahr beschließen mit einem Friedensgruß. Und irgendwie quälte mich das „Warum?" unserer Trennung ja doch noch: des Geldes wegen? Wegen der Schnapsphase? Oder weil ich kein Kind zeugen wollte? Verdammt. War ich denn ein Kinderhasser, wenn ich kein Bilderbuch-Familienvater werden wollte wie aus der Margarinereklame?

Ich strolchte nachdenklich durch das Menschengewühl der Stadt, da fuhr mir eine junge Frau mit ihrem Kinderwagen voll ins Bein. Das tat vielleicht weh! Aber denkst du, die hätte mal „Entschuldigung" gesagt? Von wegen; vorwurfsvoll geguckt hat sie noch, die Hexe. Klar, mit dem Brüllbalg in der Schubkarre glaubte die wohl, sie dürfte alles. Selbstgerecht und rücksichtslos, wie alle diese Jungmütter. Ich habe dann die Hundertwasser-Karte mit einem Streifen Klebeband an meinen Badezimmerspiegel gehängt und auf Bettinas Wohl einen Gin gekippt.

Am 20. Dezember klingelte mein Telefon. Herr Schmitz vom Bestattungsinstitut hatte einen dringenden Auftrag. Eine Beerdigung, die noch vor Weihnachten, sprich: am Morgen des 24. Dezember, stattfinden sollte. Am gleichen Tag noch machte ich mich auf den Weg zu den Angehörigen. Dort erst erfuhr ich, um was es ging: Ein fünfzehnjähriges Mädchen hatte sich umgebracht!

Ich hatte ja schon ein bisschen Erfahrung mit dem Thema Tod, aber das machte mich dann doch stumm. All die Sprüche vom „Natürlichen" des Todes waren plötzlich hohl. Ich bot wie immer an, am Grab ein Vaterunser zu sprechen. Der Vater lehnte ab;, in der Familie könne niemand etwas damit anfangen.

Zu Hause brauchte ich wohl sieben Anläufe, bis eine halbwegs brauchbare Rede stand. Ich saß in meinem Sessel, mit zentnerschweren Gliedern, las meine Worte, aß Dominosteine, strich durch, las laut, seufzte. Fünfzehn Jahre! Ich marterte mich, zwang mich, mir ein fünfzehn Jahre altes Mädchen vorzustellen. Ich hatte ihr Gesicht auf dem Foto bei den Eltern lange betrachtet. Sie lachte wie das blühende Leben. Kein kleines Mädchen mehr und auch noch keine Frau. Alles war noch offen, alles möglich gewesen, verdammt! Ich drohte echt zu versacken und tröstete mich dann mit Zynismus: „Das Leben ist eben beschissen", sagte ich mir, und schaltete den Fernseher ein.

Am Morgen des Heiligabend frühstückte ich nicht, kippte nur eine Tasse Kaffee. Ich hatte gerade die schwarze Krawatte umgebunden, da klingelte das Telefon. Es war Ralf. Thilo sei magenkrank geworden, leider. Und er selbst habe ganz spontan ein Superangebot bekommen, eine Spritztour nach Paris mitzumachen. Ob es mir was ausmachen würde, das Treffen um ein Jahr zu verschieben? Sehr witzig. Ich musste mich beeilen, um pünktlich auf dem Friedhof zu sein. Die Sargträger baten mich, voran zu machen, der eine hatte noch keinen Tannenbaum. In der Friedhofskapelle verlief noch alles nach Plan. Die Mutter weinte lautlos. Aber am offenen Grab schluchzte sie dann andauernd: „Mein Kind, mein Kind!" Immer wieder. Kurzum, auch ich heulte schließlich, was mir nie zuvor passiert war, und konnte mein Manuskript nicht mehr entziffern. Es war eiskalt, sogar der Sand an der Schippe war festgefroren; ich musste ihn mit Gewalt abschlagen. Der Aufprall des Klumpens auf dem Sargdeckel klang dumpf.

Im Friedhofsbüro bekam ich mein Geld ausgehändigt, und man wünschte mir lächelnd schöne Feiertage. Die Dame hinterm Schreibtisch schenkte mir eine Tafel Traubennussschokolade, die ich in die Manteltasche steckte. Ich ließ mich von einem Träger in die Stadt mitnehmen und an der ersten Kneipe absetzen. Einige Biere lang sann ich darüber nach: Erst kriegt die Frau ein Kind, dann bringt es sich um. Wo soll der gottverdammte Sinn dieses Lebens eigentlich sein? Bis zu einer Antwort konnte ich nicht vordringen, da mich die Wirtin um zwei Uhr am Nachmittag vor die Tür setzte. Ich trottete durch die Einkaufspassage, die sich langsam leerte. An einem Stand erwarb ich die letzte Bratwurst Thüringer Art. Der Verkäufer schenkte sie mir, als ich das Portemonnaie zückte. Verdammt, das war wohl auch wieder die selige Weihnachtsstimmung.

Ich ging zum Fluss und setzte mich auf eine Bank. Eigentlich tat es mir gut, auf das fließende Wasser zu starren. Aber mein Hintern fror entsetzlich. Außerdem wurde mir ganz komisch; hieß es nicht früher, „die geht ins Wasser", wenn eine Schluss machte? Ich wusste nichts mit mir anzufangen, es war erst halb vier. Wohin sollte ich gehen? Doch zu Muttern fahren? Oder zur Bahnhofsmission? Ich folgte dem Glockengeläut in eine Kirche hinein. Ein Getöse da drinnen, das glaubst du nicht! Bestimmt zweihundert freche, aufgeregte Bälger. Schick angezogen turnten sie lärmend durch das Inventar. Dann begann der Gottesdienst. Der Pfarrer trat auf, und ausgerechnet „Ihr Kinderlein kommet" wurde gespielt. Das war einfach zuviel. Vor dem Altar war eine Krippe aufgebaut. In der Mitte das liebe Jesulein. Ich musterte die hölzerne, gar nicht kindliche Figur, und fragte mich: „Was hast du eigentlich mit dem Zauber um dich herum am Hut? Die Typen hier vertreiben sich die Zeit bis zur Bescherung. Und du ..."

Aber ich wollte nicht sentimental werden, nahm Reißaus und flüchtete stadtauswärts. An einer Bushaltestelle stand eine Gruppe kichernder Gören. Die mögen so um die fünfzehn, sechzehn gewesen sein. Warum lebten die – und das andere Mädchen nicht mehr? Ich ging noch einmal zum Friedhof. Nur wenige Leute waren da und zündeten rote Kerzchen in den Grablaternen an. Die Beerdigung war erst ein paar Stunden her, aber sie schien schon so ewig fern zu sein. Der Tod schon so selbstverständlich. „Mein Kind, mein Kind!" – Mich durchfuhr es eisig.

Ich lief zum nächsten U-Bahn-Eingang, stieg in die Bahn und fuhr und fuhr. Plötzlich sagte die Lautsprecherstimme: „Nächster Halt: Reinemann-Platz." Ich stieg aus. Von hier aus waren es nur ein paar Minuten bis zu Bettinas Wohnung. Ich wollte nicht hin, aber mein Verlangen, umzukehren, war zu gering.

Oben war Licht. „Mensch", durchzuckte es mich, „wenn mir da jetzt ein Macker die Tür öffnet?" Ich klingelte. Es dauerte ein paar Augenblicke, dann hörte ich sie durch die Sprechanlage. Nur: „Ja?"

Ich räusperte mich. „Ich bin's." Ich schloss die Augen. Dann hörte ich den Summer, der die Tür öffnete. Das Treppensteigen fiel mir unglaublich schwer. Die Wohnungstür stand einen Spalt offen. Ich klopfte noch einmal und trat dann ein. Ich kannte mich ja nun aus hier. Es roch seltsam. Ungewohnt. Ich schloss die Tür. „Bettina? Ich bin's." Ich ging langsam ins Wohnzimmer.

Was ich da sah, machte mich sprachloser als je etwas zuvor, wenn man Sprachlosigkeit überhaupt steigern kann. Da saß Bettina auf dem Sofa. Auf meinem Sofa, das ich damals günstig gekauft hatte. Da saß also die Bettina, die ich unter allen Frauen der Welt herausfinden würde. Aber die hielt auf ihrem Schoß etwas, das mir so vorkam, als hätte ich es nie zuvor gesehen: Ein Baby!

Ich muss wie doof geglotzt haben. Schweigend blickte ich auf das Kind. Dann in ihre Augen, die mich anstarrten. „Er heißt wie du", sagte sie leise und sah dann in eine andere Richtung, „Edgar".

„Wie ... wie ich?", stammelte ich. Sie nickte und ich konnte sehen, wie sich ihre Augen röteten. Das Kind schlief. Es trug einen knallgelben Frotteestrampler und hatte rosa Bäckchen. Ich war kein Fachmann, aber das Menschlein konnte kaum älter als ein paar Wochen sein. Es war so winzig klein!

„Ja ..." Ich versuchte, meine Gedanken zu ordnen. „Ja, dann ... gratuliere ich dir."

Sie sah mich wieder an, schwieg einen Augenblick und sagte dann ganz leise: „Und ich dir."

Wie bitte? Ich wollte eigentlich sagen: „Ich verstehe nicht ganz", aber bevor mein Mund die Worte bilden konnte, ahnte ich doch, was Bettina im gleichen Moment einfach aussprach: „Er ist dein Sohn."

Ich sog eine Portion Luft durch die Nasenlöcher, grinste wie ein Vollidiot und nickte, wie es Betrunkene tun. Da stand ich, im schwarzen Anzug, der schwarzen Krawatte, dem weißen Hemd, den schwarzen Schuhen und schwarzen Strümpfen. Ich hatte keinen Einfluss mehr auf das, was ich tat oder sagte. Verlegen griff ich in die Manteltaschen.

Ich nahm die Schokolade heraus. „Traubennuss", lächelte Bettina, „meine Lieblingssorte. Danke!"

Ein Schwall Tränen vernebelte mir die Sicht. Vielleicht wollte ich flüstern, aber dann stieß ich ihren Namen schluchzend hervor: „Bettina!" Das Baby stimmte sofort ein und brüllte drauflos. Ich ließ mich auf die Knie fallen und konnte nichts anderes, als immer wieder stammeln: „Mein Kind, mein Kind!"

Ein Wiedersehen

Während ich an der Kasse des Supermarkts in der Schlange wartete, beobachtete ich die beiden: Er stand an der Theke der Cafeteria. Sie schob einen Kinderwagen vor sich her und trat auf ihn zu.

„Sag mal, kennst du mich nicht mehr?"

„Wie bitte? Moment! Na, hilf mir bitte mal auf die Sprünge ..."

„Mensch, Heinz!"

„Tut mir leid, ich komm nicht drauf."

„Ich bin doch die Freundin vom Mario."

„Aah! Klar! Jetzt weiß ich's wieder. Schönen Gruß, ja?!"

„Mach ich."

Sie ging mürrisch weiter, er schlürfte den Rest aus seiner Tasse. Auf einmal drehte er sich um und rief ihr nach: „Sag mal: Welcher Mario?"

Emmi wird mir fehlen

Es lag nur daran, dass ich mich nie auf meine Armbanduhr verlassen konnte. Zwar hatte ich als Trauerredner schon eine gewisse Routine. Einige Hundert Särge oder Urnen waren während meiner salbungsvollen Ansprachen in die Erde versenkt worden. Oberstes Gebot: Gute Vorbereitung und ein würdiger Ablauf. Denn, so mahnte mein Bestattungsunternehmer weise, Beerdigungen könnten – im Gegensatz zu Hochzeiten – nicht wiederholt werden.

Als ich also knapp, aber meinem Gefühl nach nicht zu spät, auf dem Friedhof eintraf, hieß es, wir könnten sofort anfangen. Ich rückte noch einmal meine Krawatte zurecht und zog gemessenen Schrittes, von Harmoniumklängen geleitet, in die Kapelle. Stand einen Moment vor dem Sarg, wollte mich gerade sacht verneigen, mich der Trauergemeinde zuwenden und loslegen – da fiel mein Blick auf eine Kranzschleife: „Emmi, wir werden dich nie vergessen". Emmi? Ein Adrenalinstoß ließ mich fast ohnmächtig werden. Ich war auf Konrad Katoschek vorbereitet, einen pensionierten Schaffner, der gerne getrunken und sein Auto poliert hatte, der nie vergaß den Kanarienvogel zu füttern, seiner Frau jedoch solche Fürsorge versagte. So schilderte zumindest die Witwe ihren Gatten. Ein ehemaliger Protestant, der schon in den fünfziger Jahren wegen der Versöhnungspolitik mit Polen aus der Kirche ausgetreten war.

In dem mit violetten Tulpen und weißen Rosen geschmückten Sarg lag also nicht Konrad, sondern Emmi. Einen Augenblick lang erwog ich zu flüchten, doch ich hörte, wie der Organist gerade in die letzte Schleife von „So nimm denn meine Hände" einbog. Ich biss mir auf die Lippe. Vorhang auf:

„Verehrte Trauergäste, wir nehmen heute Morgen Abschied von unserer lieben Verstorbenen, die für Sie alle eigentlich immer nur 'die' Emmi war!" Die Damen in der ersten Reihe nickten weinend. „Kein leichtes Leben liegt hinter ihr, aber bei dem Auf und Ab durch die Wogen der Zeit hielt sie immer Kurs." Nicken und Taschentücher. „Die Erinnerung an Emmi wird nie aufhören. Und wenn wir auch traurig sind, sie verloren zu haben – so wollen wir doch auch dankbar sein, dass unsere Wege für eine gewisse Zeit gemeinsam verliefen." Nicken, Tränen, Taschentücher. Am offenen Grab betonte ich noch, niemand habe Emmi ins tiefste Herz schauen können, und sprach ein Vaterunser.

Geschafft trat ich den Rückweg zur Kapelle an. Eine Dame aus der Trauergemeinde überholte mich. Ich fürchtete ein Strafgericht, doch die Dame nahm meine Hand in ihre und bedankte sich: „Sie müssen Emmi gut gekannt haben, Sie haben alles so behutsam und doch so treffend ausgedrückt."

Als ich wieder an der Kapelle angekommen war, empfing mich mein Bestatter ungeduldig: „Wir warten auf Sie. Die Trauerrede Katoschek. Sie sind doch vorbereitet, oder?" Souverän konterte ich: „Ich bin immer vorbereitet." ... Und das Harmonium spielte das Ave Maria.

Was zählt

Die Ankunft der Maschine aus Rom würde sich verspäten, hieß es, aber wie lange, konnte mir niemand sagen. In der Ankunftshalle des Flughafens hielten sich am Heiligabend nur wenige Menschen auf; manche hatten Blumen dabei. Die meisten Läden waren schon geschlossen oder machten gerade zu. Draußen wurde es dunkel. Ich schlenderte umher, sah mir Schaufenster an, beobachtete Starts und Landungen, blätterte eine liegen gelassene Zeitung durch und setzte mich schließlich neben einen älteren Herrn auf eine Bank.

Er bot mir ein Hustenbonbon an; ich nahm es dankend; er zog mich in ein Gespräch. Ob ich jemanden abholen wolle? „Meinen Sohn." – Sein Sohn, erwiderte er stolz, habe Karriere gemacht. Er zog ein Foto aus der Brieftasche, auf dem sich ein junger Mann mit Sonnenbrille lässig an ein Brückengeländer lehnte. Dann zählte er die Namen großer Banken und internationaler Firmen auf, Arbeitgeber des Erfolgreichen. – Dass mein Sohn Kunstgeschichte studierte und eher ein Träumer wäre, verschwieg ich.

Endlich: Die Leuchttafel zeigte an, dass die Maschine am Boden war. Schon kurz darauf hörte ich die Stimme meines Jungen: „Vater!" Er kam fröhlich winkend auf mich zu; wir umarmten uns. „Stell dir vor", jammerte er, „ich habe meinen Koffer in Rom stehen lassen! Mamma mia! Mit allen Geschenken drin!" Ich kniff ihm grinsend in die Wange: „Hauptsache, du hast deinen Hintern erfolgreich ins Flugzeug verfrachtet! Dass du hier angekommen bist, das ist doch das größte Geschenk!"

Ich wünschte dem älteren Herrn noch schöne gemeinsame Feiertage mit seinem Sohn. Er sah mich nicht an, als er antwortete: „Der kommt nicht. Ich habe ihn seit Jahren nicht mehr gesehen." Auf dem Weg zum Ausgang wandte ich mich noch einmal um: Der ältere Herr wischte sich mit einem Taschentuch über die Augen. Unsere Blicke trafen sich kurz; er hob die Hand zum Gruß. Mir schien es wie ein Segen.

Georg Schwikart im Gardez! Verlag

Ulrichs größter Tag - Das Hörbuch
Geschichten für alle Lebenslagen

CD, Fully digital. Laufzeit 63:00 Minuten
ISBN 978-3-89796-091-6

Eine Auswahl der besten Storys aus dem Band mit „Geschichten für alle Lebenslagen".

Achten Sie mal drauf, wie schnell Ihnen seine Figuren lebendig werden, obwohl uns der Autor nie mitteilt, welche Haarfarbe sie haben. Woran liegt das wohl? Na, dem Schwikart ist es eben nicht egal, was er für Sie schreibt. Und das spüren Sie: lachend, staunend, anteilnehmend. So markerschütternd auch die Situationskomik Schwikarts ist, sie entsteht immer ohne Häme, Spott und Schadenfreude. (Der Feuilletonist Thomas Frahm)

Gelesen vom Autor selbst und vom Schauspieler Patrick Schnicke. Musikalische Intermezzi von Jan Girndt.

Georg Schwikart im Gardez! Verlag

33 Tipps für Autoren
Anregungen, Literatur, Adressen
Gemeinsam mit Michael Itschert

124 S. DIN A5. Broschur
ISBN 978-3-89796-031-2

Mit diesem praxisorientierten Ratgeber können sich Autorinnen und Autoren einen schnellen Überblick über 33 Aspekte des Literaturbetriebes verschaffen. Neben Informationen und Anregungen sowie einem Erfahrungsbericht enthält er viele interessante Adressen und Titel weiterführender Literatur. Sie erfahren in diesem Kompendium mehr über Begriffe wie Autorengruppen und -verbände, Berufsgenossenschaft, Books on Demand, Buchhändlerische Fachzeitschriften, Buchmessen und regionale Veranstaltungen zur Literatur, deutsche Buch- und Verlagslandschaft, Internet, Künstlersozialversicherung, Lesungen, Literarische Agenturen, Lektorat, Literaturbüros, Literaturpreise, Literaturzeitschriften, Manuskriptgestaltung, Schreibwerkstätten, Schriftstellerische Existenz, Selbstverlag, Stilistik, Stipendien, Titelschutz, Urheberrecht, Verlagssuche, Verlagsvertrag, VG Bild-Kunst, VG Wort, Zuschussverlage. Ein Autorenlexikon rundet den Band ab.

Vom gleichen Verfasser, eine bunte Auswahl

Rhythmusstörung
verdichtetes Leben • Gedichte
Steyler Verlag, 2012
ISBN 978-3-8050-0602-6

Das Fest findet statt
Gewöhnliche Gedichte
Steyler Verlag, 2011
ISBN 978-3-8050-0570-8

Dichter dran
Praktische Poesie • Gedichte
Steyler Verlag, 2006, 2. Auflage 2011
ISBN 978-3-8050-0539-5

Überleben
Latente Lyrik über Leben • Gedichte
Steyler Verlag, 2008
ISBN 978-3-8050-0555-5

Jeder Tod hat sein Gelächter
Über das Verhältnis zweier eigentümlicher Brüder
Steyler Verlag, 2009 (Neuausgabe)
ISBN 978-3-8050-0558-6

Der Komponist
Wie Johann Sebastian Bach das Evangelium in Musik verwandel-
te • Biographie
Wichern Verlag, 2008
ISBN 978-3-88981-255-1

Der Kabarettist
Wie Hanns Dieter Hüsch den lieben Gott zum Schmunzeln brachte
• Biographie
Wichern Verlag, 2010
ISBN 978-3-88981-299-5

Paulus
Wie der Christenverfolger die Liebe entdeckte • Biographie
Wichern Verlag, 2012
ISBN 978-3-88981-324-4

Jesus und ich
Ein Lesebuch für Glaubende und Zweifler (Herausgeber)
Butzon & Bercker, 2012
ISBN: 978-3-7666-1613-5

Bruder Tod
Leben mit der Sterblichkeit • Essay
Butzon & Bercker, 2005
ISBN 978-3-7867-8560-0

Niemand geht ohne Spuren
Mit dem Tod leben • Geschichten eines Trauerredners
Lahn Verlag, 2011 (Neuausgabe)
ISBN 978-3-8367-0752-7

Evangelisch? Never!
Warum Evangelische überflüssig und Katholiken die wahren
Christen sind • Wendebuch, gemeinsam mit Uwe Birnstein: Ka-
tholisch? Never! Warum Katholiken überflüssig und Evangelische
die wahren Christen sind
Pattloch, 2010
ISBN 978-3-629-02234-9

Sexualität in den Religionen
Monografie
Butzon & Bercker, 2005 (Neuauflage)
ISBN: 978-3786785514

Tod und Trauer in den Weltreligionen
Monografie
Butzon & Bercker 2007, 2. Aufl. 2010
ISBN: 978-3-7867-8605-4

Island
Reihe Horizont • Betexteter Bildband
Stürtz im Verlagshaus Würzburg, 2006, 3. Auflage 2010
ISBN 978-3-8003-1726-5

Rom
Reihe Horizont • Betexteter Bildband
Stürtz im Verlagshaus Würzburg, 2003, 5. Auflage 2011
ISBN: 978-3-8003-1615-3

Pressestimmen zu Georg Schwikarts Erzählungen

Skurriler Humor mit ernsten Tönen. (Bonner Generalanzeiger)

Geschichten mit einem Lächeln im Knopfloch. (Wetzlarer Zeitung)

Georg Schwikart wäre kein echter Rheinländer, würde er den Schwierigkeiten des Lebens nicht noch eine scherzhafte Note abgewinnen können. (Neues Deutschland)

Heiteres, Spannendes, Besinnliches. (Main Echo)

Geschichten über die Widrigkeiten des Alltags. (Express Köln)

Oftmals kommen Schwikarts Texte mit einem Augenzwinkern daher. (Aachener Nachrichten)

Ob als Humorist oder sensibler Beobachter menschlichen Leids, die Übergänge gelingen ihm fast spielerisch. (Allgäuer Zeitung)

Für den Schriftsteller Georg Schwikart gibt es nichts, worüber man nicht sprechen könnte. (Fuldaer Zeitung)

Das Leben als Inspiration. (Donnersberger Rundschau)

Alltagsgeschichten, die es in sich haben. (Kölnische Rundschau)

Lesenswerte Mixtur aus Kurzweil und Kritik. (Rheinische Post)

Der Autor

Georg Schwikart, geboren 1964, verheiratet und Vater zweier Kinder. Studium der Religionswissenschaft, Theologie und Volkskunde in Neuburg/Donau, Bonn und Tübingen; Promotion.
Schreibt als freier Schriftsteller Belletristik und Sachbücher für Kinder, Jugendliche und Erwachsene, außerdem Beiträge für Zeitschriften und Rundfunk. Lebt in Sankt Augustin.
Mehr Infos unter: www.schwikart.de

© Andreas Trautwein